光村図書版　国語

テストの範囲や学習予定日をかこう！

学習計画	
出題範囲	学習予定日
5/14	5/10
テストの日	5/11

教科書 見返し

世界はうつくしいと

主題

◇わたしたちの日常はうつくしいものであふれている。それらに目を向けて、「うつくしい」と言葉にして言おうと呼びかけている。

ココが要点

詩の形式
●口語自由詩…現代の話し言葉で、形式や音数に決まりのない詩。

表現技法
●反復…同じ表現を繰り返す。→「……はうつくしいと。」

テストに出る! 予想問題

解答 p.1 30分 100点

◇ 次の詩を読んで、問題に答えなさい。

世界はうつくしいと　長田弘（おさだひろし）

うつくしいものの話をしよう。
いつからだろう。ふと気がつくと、
うつくしいということばを、ためらわず
口にすることを、誰もしなくなった。
そうしてわたしたちの①会話は貧しくなった。
うつくしいものをうつくしいと言おう。
風の匂いはうつくしいと。渓谷（けいこく）の
石を伝わってゆく流れはうつくしいと。
午後の草に落ちている雲の影はうつくしいと。

---

2 ――線①「会話は貧しくなった」について答えなさい。

(1) どのようなことを表していますか。次から一つ選び、記号で答えなさい。〔10点〕

ア 会話の中身が空疎になったこと。
イ 会話が口論のようになったこと。
ウ 会話が長く続かなくなったこと。
エ 会話を交わす機会が減ったこと。

(2) 会話が貧しくなったのはなぜですか。「人々が、……」に続くように簡潔に書きなさい。〔10点〕

人々が、

3 やや難 ――線②「おおきな……色はうつくしいと。」とありますが、「街の通り」「挨拶」「路地」「屋根の色」は、これより前に挙げていた「風の匂い」「雲の影」「川辺の光」などの「うつくしいもの」と比べて、どのような点で違いますか。「営み」という言葉を使って書きなさい。〔15点〕

4 ――線③「あざやかな毎日」について答えなさい。

(1) よく出る 「あざやかな毎日」と対照的なものを表している言葉を詩の中から十四字で抜き出し、初めの五字を書きなさい。〔10点〕

漢字も読もう! ①匂い ②挨拶 ③誰
←答えは左ページ

遠くの低い山並みの静けさはうつくしいと。
きらめく川辺の光はうつくしいと。
②おおきな樹のある街の通りはうつくしいと。
行き交いの、なにげない挨拶はうつくしいと。
花々があって、奥行きのある路地はうつくしいと。
雨の日の、家々の屋根の色はうつくしいと。
太い枝を空いっぱいにひろげる
晩秋の古寺の、大銀杏はうつくしいと。
冬がくるまえの、曇りの日の、
南天の、小さな朱い実はうつくしいと。
コムラサキの、実のむらさきはうつくしいと。
過ぎてゆく季節はうつくしいと。
さらりと老いてゆく人の姿はうつくしいと。
一体、ニュースとよばれる日々の破片が、
わたしたちの歴史と言うようなものだろうか。
③あざやかな毎日こそ、わたしたちの価値だ。
うつくしいものをうつくしいと言おう。
幼い猫とあそぶ一刻はうつくしいと。
④シュロの枝を燃やして、灰にして、撒く。
何ひとつ永遠なんてなく、いつか
すべて塵にかえるのだから、世界はうつくしいと。

1 よく出る この詩の形式を、漢字五字で書きなさい。〔10点〕

(2) 「あざやかな毎日」とは、どのようなものを表していますか。次から一つ選び、記号で答えなさい。〔10点〕

ア うつくしいものが身近にあふれている日常。
イ うつくしいものを求めて世界を駆け巡る日々。
ウ うつくしくて高価なものに囲まれたぜいたくな生活。
エ うつくしいものにとらわれない堅実な暮らし。

5 ——線④「シュロの枝」は、どのようなもののたとえとして描かれていますか。□に当てはまる言葉を詩の中から抜き出しなさい。〔10点〕

いつか□□□□□もの。

6 よく出る この詩の題名は「世界はうつくしいと」ですが、この後に続く言葉を、詩の中から三字で抜き出しなさい。〔10点〕

7 この詩の鑑賞文として適切なものを次から一つ選び、記号で答えなさい。〔15点〕

ア 世界をよりうつくしいものに変えていこうと呼びかけている。
イ 世界からうつくしいものが失われていくことを嘆いている。
ウ 身の回りにあるうつくしいものを捉える大切さを伝えている。
エ うつくしいものは永遠に消えないという真実を描いている。

漢字で書こう！ ①にお(い) ②あいさつ ③だれ
答えは右ページ➡

握手

教科書 p.14～p.25

主題

◇児童養護施設の園長だったルロイ修道士が、かつての園児を訪ねて来た。それは死期が迫ったルロイ修道士との別れであり、多くの思い出が「わたし」の心をよぎる。

5分間攻略ブック p.2

テストに出る！
ココが要点

ルロイ修道士との思い出と遺言（教 p.18～p.20）▶予想問題

●高校二年のクリスマスにぶたれた思い出。→あの頃のように両手の人さし指をせわしく交差させ、打ちつける（＝「おまえは悪い子だ。」を意味する指言葉）ルロイ修道士。だが、顔は笑っていた。

●「困難は分割せよ。」→遺言？　ルロイ修道士が病人なのではないか。

ルロイ修道士との別れ（教 p.22～p.23）▶例題

●「本当に天国がありますか。」という「わたし」の問いに、ルロイ修道士は「あると信じるほうが楽しい」と答え、握手して別れる。

●ルロイ修道士がなくなったとき、「わたし」は両手の人さし指を交差させ、せわしく打ちつける→やりきれない気持ち。

例題　ルロイ修道士との別れ

ルロイ修道士は壁の時計を見上げて、

「汽車が待っています。」

と言い、①**右の人さし指に中指をからめて掲げた**。これは「幸運を祈る」「しっかりおやり」という意味の、ルロイ修道士の指言葉だった。

上野（うえの）駅の中央改札口の前で、思い切ってきいた。

「ルロイ先生、死ぬのは怖くありませんか。わたしは怖くてしかたがありませんが。」

かつて、わたしたちがいたずらを見つかったときにしたように、②**ルロイ修道士は少し赤くなって頭をかいた**。

「天国へ行くのですから、そう怖くはありませんよ。」

「天国か。本当に天国がありますか。」

1 ――線①の指言葉の意味を、七字以内で二つ抜き出しなさい。

□□□□□□□

□□□□□□□

2 よく出る ルロイ修道士が、――線②のようにしたのはなぜですか。一つ選びなさい。

ア　問いに答えられなかったから。

イ　失礼な言い方に驚いたから。

ウ　訪問の目的を見抜かれたから。

（　　）

答えと解説

1 幸運を祈る
しっかりおやり

作品中には他に、「右の人さし指を立てる」「右の親指を立てる」「両手の人さし指を交差させて打ちつける」**指言葉**が用いられている。それぞれの意味を読み取ろう。

2 ウ

口には出さなかったが、**死期の近いルロイ修道士は別れを告げに来ていた**。「わたし」にそれを見抜かれて顔を赤くしたのだ。

漢字を読もう！　①泥　②冗談　③穏やか
←答えは左ページ

「③**あると信じるほうが楽しいでしょうが**。死ねば、何もないただむやみに寂しいところへ行くと思うよりも、にぎやかな天国へ行くと思うほうがよほど楽しい。そのために、この何十年間、神様を信じてきたのです。」

わかりましたと答える代わりに、④**わたしは右の親指を立て、それからルロイ修道士の手をとって、しっかりと握った。それでも足りずに、腕を上下に激しく振った。**

「痛いですよ。」

ルロイ修道士は顔をしかめてみせた。

上野公園の葉桜が終わる頃、ルロイ修道士は仙台(せんだい)の修道院でなくなった。まもなく一周忌である。⑤**わたしたちに会って回っていた頃のルロイ修道士は、身体(からだ)中が悪い腫瘍の巣になっていたそうだ**。葬式でそのことを聞いたとき、⑥**わたしは知らぬ間に、両手の人さし指を交差させ、せわしく打ちつけていた。**

〔井上(いのうえ) ひさし「握手」による〕

---

3 ――線③とありますが、ルロイ修道士は何が「ある」と信じているのですか。

（　　　　　　　　）

4 よく出る ――線④から、「わたし」のどのような気持ちが読み取れますか。考えて書きなさい。

ルロイ修道士との（　　　　）を悟り、精いっぱいの思いを伝えようとする気持ち。

5 ――線⑤から、どのようなことがわかりますか。考えて書きなさい。

最後に会ったときのルロイ修道士が、かなり（　　　　）をしていたこと。

6 ――線⑥には、「わたし」のどのような思いが表れていますか。二つ選びなさい。

ア　いきどおり
イ　悲しみ
ウ　憧れ
エ　励まし

（　　）（　　）

---

3 （にぎやかな）天国

「**天国がありますか**」という問いに、「ある」ではなく「**あると信じるほうが楽しい**」と答えている。信仰に生きたルロイ修道士の生き方が表れている。

4 例 永遠の別れ（死別）

2で見たように、「わたし」は**ルロイ修道士が最後の挨拶をしに来たことに気づいている。口に出せない思いを、指言葉と握手で伝えたのだ。**

5 例 無理

ルロイ修道士は、**重病であることを隠して**かつての園児たちに会って回っていた。自分の体に無理をきかせてでも、「わたし」に会いたかったのである。

6 ア・イ

この**指言葉**は「**お前は悪い子だ。**」と叱るときのものだった。体調が悪いのに無理をしていたルロイ修道士への「**わたし」のやりきれない気持ち**や、ルロイ修道士に巣くった病に対しての**いきどおり**が表れている。

漢字で書こう！ ①どろ　②じょうだん　③おだ（やか）
答えは右ページ➡

テストに出る！

予想問題

解答 p.1

30分

100点

◇ 次の文章を読んで、問題に答えなさい。

「①一度だけ、ぶたれました。」

ルロイ修道士の、②両手の人さし指をせわしく交差させ、打ちつけている姿が脳裏に浮かぶ。これは危険信号だった。この指の動きでルロイ修道士は、「おまえは悪い子だ。」とどなっているのだ。そして次には、きっと平手打ちが飛ぶ。ルロイ修道士の平手打ちは痛かった。

「やはりぶちましたか。」

ルロイ修道士は③悲しそうな表情になって、ナプキンを折り畳む。食事はもうおしまいなのだろうか。

「でも、わたしたちは、ぶたれてあたりまえの、ひどいことをしでかしたんです。高校二年のクリスマスだったと思いますが、無断で天使園を抜け出して東京へ行ってしまったのです。」

翌朝、上野（うえの）へ着いた。有楽町（ゆうらくちょう）や浅草（あさくさ）で映画と実演を見て回り、夜行列車で仙台（せんだい）に帰った。そして待っていたのがルロイ修道士の平手打ちだった。「あさっての朝、必ず戻ります。心配しないでください。捜さないでください。」という書き置きを、園長室の壁に貼りつけておいたのだが。

「ルロイ先生は一月間、わたしたちに口をきいてくれませんでした。平手打ちより④こっちのほうがこたえましたよ。」

「そんなこともありましたねえ。あのときの東京見物の費用は、どうやってひねり出したんです。」

にかかり、この世のいとまごいに、こうやって、かつての園児を訪ねて歩いているのではないか。

〔井上（いのうえ）ひさし「握手」による〕

1 ——線①「一度だけ、ぶたれました。」とありますが、「わたし」はいつ、どういうことが理由でぶたれたのですか。そのことがわかる一文を、文章中から抜き出し、初めの五字を書きなさい。〔15点〕

2 ——線②「両手の人さし指をせわしく交差させ、打ちつけている姿」とありますが、この指言葉はどのような意味をもっていましたか。文章中から抜き出しなさい。〔10点〕

3 よく出る ——線③「悲しそうな表情になって」とありますが、このときのルロイ修道士の気持ちを次から一つ選び、記号で答えなさい。〔10点〕

ア 園児をぶったことを後悔する気持ち。
イ 「わたし」が反省していないことを悲しむ気持ち。
ウ 食事ができないことを惜しむ気持ち。
エ 別れが迫っていることをつらく思う気持ち。

4 ——線④「こっち」とは、どのようなことを指していますか。〔10点〕

漢字も読もう！ ①爪 ②一周忌 ③監督
←答えは左ページ

「それはあのとき白状しましたが……。」

「わたしは忘れてしまいました。もう一度教えてくれませんか。」

「準備に三か月はかかりました。先生からいただいた純毛の靴下だの、つなぎの下着だのを着ないでとっておき、駅前の闇市で売り払いました。鶏舎から鶏を五、六羽持ち出して、焼き鳥屋に売ったりもしました。」

ルロイ修道士は改めて両手の人さし指を交差させ、せわしく打ちつける。⑤ただしあの頃と違って、顔は笑っていた。

「先生はどこかお悪いんですか。ちっとも召しあがりませんね。」

「少し疲れたのでしょう。これから仙台の修道院でゆっくり休みます。カナダへたつ頃は、前のような大食らいに戻っていますよ。」

「だったらいいのですが……。」

「仕事はうまくいっていますか。」

「まあまあといったところです。」

「よろしい。」

ルロイ修道士は右の親指を立てた。

「仕事がうまくいかないときは、この言葉を思い出してください。⑥『困難は分割せよ。』あせってはなりません。問題を細かく割って、一つ一つ地道に片づけていくのです。ルロイのこの言葉を忘れないでください。」

冗談じゃないぞ、と思った。これでは、遺言を聞くために会ったようなものではないか。そういえば、⑦さっきの握手もなんだか変だった。「それは実に穏やかな握手だった。ルロイ修道士は病人の手でも握るようにそっと握手をした。」というように感じたが、実はルロイ修道士が病人なのではないか。元園長は何かの病

---

5 よく出る ――線⑤「ただしあの頃と違って、顔は笑っていた。」とありますが、このときのルロイ修道士の気持ちを次から一つ選び、記号で答えなさい。〔10点〕

ア 若かった自分を恥ずかしく思う気持ち。

イ 目の前の「わたし」を思いやる気持ち。

ウ 驚きを笑顔でごまかそうとする気持ち。

エ 「わたし」との思い出をなつかしむ気持ち。

□

6 ――線⑥「『困難は分割せよ。』」とありますが、「わたし」はこの言葉を何のように感じましたか。次の□に当てはまる言葉を、文章中から抜き出しなさい。〔10点〕

ルロイ修道士の□のように感じた。

7 やや難 ――線⑦「さっきの握手もなんだか変だった」について答えなさい。

(1) 「さっきの握手」は、どのような握手だったのですか。〔15点〕

□

(2) この握手から、「わたし」はどのような疑問をもちましたか。〔20点〕

□

漢字で書こう！ ①つめ ②いっしゅうき ③かんとく
答えは右ページ➡

教科書 p.28～p.31／p.38～p.39

学びて時に之を習ふ──「論語」から
漢字1 熟語の読み方

確認

◇二千五百年以上に渡って読み継がれてきた「論語」。そこには現代にも通じる人間の生き方への洞察や思索が、簡潔な言葉で書かれている。

⇨5分間攻略ブック p.2／p.16

テストに出る！ **ココが要点**

「論語」

●中国古代の思想家・孔子とその弟子たちの言行の記録。

漢文の読み方

●**白文**…漢字のみで書かれた原文。

●**訓読**…白文に記号などを補い、日本語として読むこと。

●**書き下し文**…訓読文を漢字仮名交じりの文章に書き改めたもの。

●**送り仮名**…漢字の右下に片仮名で書く。**歴史的仮名遣い**を用いる。

●**返り点**…読む順序を表す記号。漢字の左下に添える。

・**レ点**…すぐ上の一字に返って読む。　1　3レ　2

・**一・二点**…二字以上を隔てて、上に返って読む。　3二　1　2一

例題　論語

①**子**曰、「②**温レ故而知レ新、可二以為一レ師矣。**」（為政）

子曰はく、「③**学びて思はざれば則ち罔し。思ひて学ばざれば則ち殆し。**」と。（為政）

子曰はく、「之を知る者は、之を好む者に如かず。④**之を好む者は、之を楽しむ者に如かず。**」と。（雍也）

〔「学びて時に之を習ふ──『論語』から」による〕

テストに出る！ 予想問題

解答 p.2　20分　100点

1 次の文章を読んで、問題に答えなさい。

子曰はく、「学びて時に之を①習ふ、②亦説ばしからずや。
③□、亦楽しからずや。
人知らずして慍みず、亦君子ならずや。」と。

子曰、「学而時習レ之、不二亦説一乎。
有下朋自二遠方一来上、不二亦楽一乎。
人不レ知而不レ慍、不二亦君子一乎。」（学而）

子曰はく、「④故きを温めて新しきを知れば、以て師為るべし。」と。

子曰、「温レ故而知レ新、可二以為一レ師矣。」（為政）

〔「学びて時に之を習ふ──『論語』から」による〕

1 よく出る ──線①「習ふ」の意味を次から一つ選び、記号で答えなさい。〔10点〕

ア まねをする　イ 暗記する
ウ 予習する　エ 復習する

2 ──線②「亦説ばしからずや」の意味を書きなさい。〔10点〕

漢字を読もう！ ①整頓　②謁見　③頒布
←答えは左ページ

1 ――線①の意味を選びなさい。

ア　子供　イ　先生　ウ　自分

（　　）

2 ――線②の訓読文を書き下し文に直しなさい。

（　　　　　　）

3 よく出る ――線③の言葉から読み取れる「子」の考えを選びなさい。

ア　先人に学ぶことより、自分で考えることが大切だ。

イ　先人に学び、さらに自分で考えても足りないことがある。

ウ　先人に学ぶことも、自分で考えることも大切だ。

（　　）

4 よく出る ――線④の意味を選びなさい。

ア　ある物事を好んでいる人は、その物事を楽しんでいる人にはかなわない。

イ　ある物事を楽しんでいる人は、その物事を好んでいる人にはかなわない。

ウ　ある物事を好んでいる人は、いつかその物事を楽しめるようになる。

（　　）

答えと解説

1 イ

「子」は「先生」の意味。

2 故きを温めて新しきを知れば、以て師為るべし(と)。

送り仮名は平仮名に直す。「而」「矣」は「**置き字**」で、書き下し文では読まない。

3 ウ

「学ぶ」とは先人の教えを学ぶこと、「思ふ」とは自分で考えること。**どちらが欠けても不完全であるという意味。**

4 ア

「……に如かず」は、「……にかなわない」という意味。「**百聞は一見に如かず**」という有名な言葉も、あわせて覚えておくとよい。

3 □には、「有レ朋自二遠方一来タル」の書き下し文が入ります。書き下し文を書きなさい。（10点）

4 ――線③では、どのような人を君子といっているのですか。（10点）

5 ――線④「故きを温めて新しきを知れば」について答えなさい。

(1) やや難 書き下し文に従って、次の白文に返り点と送り仮名を付けなさい。完答（10点）

温　故　而　知　新

(2) よく出る 「故きを温めて新しきを知れば」の意味を書きなさい。（10点）

2 次の熟語の読み方を後から一つずつ選び、記号で答えなさい。5点×8〔40点〕

①切手　②拡大　③風邪

④消印　⑤太刀　⑥役場

⑦目薬　⑧味方

ア　音読み＋音読み

イ　音読み＋訓読み（重箱読み）

ウ　訓読み＋音読み（湯桶(ゆとう)読み）

エ　訓読み＋訓読み

オ　熟字訓

①	④	⑦
②	⑤	⑧
③	⑥	

漢字で書こう！ 答えは右ページ➡　①せいとん　②えっけん　③はんぷ

教科書 p.42～p.49

作られた「物語」を超えて

要旨

◇誤解に基づく「物語」は、動物や人間の社会に悲劇をもたらす。作られた「物語」を超えて、その向こうにある真実を知ろうとすることが新しい世界と出会うための鍵だ。

5分間攻略ブック p.4

ココが要点

ゴリラについての誤った「物語」（教 p.44～p.45）➤例題

ゴリラの運命と、原因となった「物語」について考える。

ゴリラのドラミング

●自己主張や不満など、いろいろな意味をもっている。

●一部の人間が「戦いの宣言」と誤解し、ゴリラは凶暴な動物だという「物語」を作り出した→ゴリラは悲惨な運命をたどった。

「物語」の真実を知る（教 p.45～p.47）➤予想問題

●言葉は人間を発展させてくれたが、誤解に基づく「物語」が悲劇をもたらすこともある。

●「物語」を超えて真実を知るためには、相手の立場に立って考えることや、これまでの常識を疑うことが必要となる。

例題　ゴリラについての誤った「物語」

このように、ドラミングはゴリラにとって相手に負けないことを示す自己主張であったり、呼びかけであったり、不満や誘いかけであったり、いろいろな意味をもつことがわかる。私たち人間どうしが距離を置いて声をかけ、互いの気持ちを伝え合うように、ゴリラは胸をたたいて自分の気持ちを表したり、相手に誘いかけたりするのである。

それを十九世紀の探検家が戦いの宣言と誤解して、「ゴリラは好戦的で凶暴な動物だ」という「物語」①を作り出したことによって、ゴリラは悲惨な運命をたどることになった。密林の奥に潜む戦い好きな怪物をしとめようとするハンターたちの標的になり、多くのゴ

1 よく出る ドラミングはゴリラにとってどのようなものですか。選びなさい。

ア　敵への戦いの宣言。

イ　子供への愛情表現。

ウ　意思を伝える手段。

（　　）

2 ――線①について答えなさい。

(1) ――線①は、どのようなことを伝えるものでしたか。選びなさい。

ア　ゴリラが凶暴な動物だということ。

イ　子供のゴリラは扱いやすいということ。

ウ　ゴリラは群れで暮らすということ。

（　　）

答えと解説

1 ウ

✎ゴリラのドラミングは人間にとっての言葉と同じ、**コミュニケーションの手段**である。

2 (1)ア　(2)悲惨な運命

✎人間がゴリラの**ドラミング**を**「戦いの宣言」と誤解した**ことで、ゴリラは凶暴な動物だと認識され、その結果、悲惨な運命をたどることになった。

漢字を読もう!　①銃　②巡らす　③勇壮
←答えは左ページ

リラが命を落とした。□、その怪物をひと目見たいと思う人々の期待に応えるため、野生のゴリラたちは捕まえられて欧米の動物園へ送られた。扱いやすい子供のゴリラを捕らえようとする人間たちによって、子供を守るために立ちはだかった大人のゴリラたちが射殺された。しかも、凶暴な性格をもつと思われたために、頑丈な檻の中に鎖でつながれることが多かったのである。野生での平和な群れ生活が紹介されて、動物園でも群れで暮らすことができるようになったのは②**二十世紀の終わりに近づいてから**の話である。

〔山極寿一「作られた『物語』を超えて」による〕

(2) ——線①は、ゴリラに何をもたらしたのですか。五字で抜き出しなさい。

□□□□□

3 文章中の□に当てはまる言葉を選びなさい。

ア もっと
イ まさに
ウ さらに

（　）

4 ゴリラの野生での生活はどのようなものですか。

（　　　　　）

5 よく出る ——線②とありますが、それ以前のゴリラは動物園でどのように扱われていましたか。そのことがわかる一文を抜き出し、初めの五字を書きなさい。

□□□□□

3 ウ

「さらに」は、同様なことが重なったり加わったりすることを示す。ゴリラの悲惨な運命が重ねられていく様子を示している。

4 例 平和な群れ生活

「好戦的で凶暴な動物」という「物語」に反して、実際のゴリラは平和な群れ生活を送っている。

5 しかも、凶

ゴリラは凶暴な性格をもつと思われたために、頑丈な檻に鎖でつながれて飼われていたのである。

漢字で書こう！ ①じゅう ②めぐ(らす) ③ゆうそう
答えは右ページ➡

テストに出る！

予想問題

次の文章を読んで、問題に答えなさい。

解答 p.2

30分

/100点

①ゴリラのドラミングに対する誤解が広まったのは、人間がある印象を基に「物語」を作り、それを仲間に伝えたがる性質をもっているからだ。いつの頃からか人間は②言葉を発明して、自分が体験したことを語ることができるようになった。そのおかげで、人間は多くの知識を共有できるようになった。自分が体験していない地震や火事の出来事を人から聞くことによって、適切な対処の方法を知ることができる。まだ見たことのない動物と出会ったらどうすればいいか、それを知っている人から学ぶことができる。言葉は人間の社会に知識を蓄積し、新しい技術や工夫をもたらして、人間が飛躍的に発展する道を開いた。しかし一方で、言葉には自分の体験を脚色したり誇張したりする力もある。実際には見ていないことを、あたかも体験したかのように語ることもできるのだ。それは人の口から口へ、またたくうちに広がっていく。最初の話が誤解によって作られていると、その間違いに気がつかないうちに、それが社会の常識になってしまうことがよくあるのだ。

こうした③誤解に基づく「物語」は、人間の社会にも悲劇をもたらす。何気ない行為が誤解され、それがうわさ話として人から人へ伝わるうちに誇張されて、周りに嫌われてしまうことがある。まだ、同じ言葉で話し合い、誤解を解くことができる間柄なら、大きな悲劇に発展することを抑えることができる。だが、言葉や文化の違う民族の間では、誤解が修復されないまま「物語」が独

1 ——線①「ゴリラのドラミングに対する誤解」について答えなさい。

(1) 「ゴリラのドラミングに対する誤解」とはどのような誤解ですか。〔15点〕

(2) この誤解は、人間のどのような性質によって広まったのですか。〔15点〕

2 よく出る ——線②「言葉」にはどのような力がありますか。適切でないものを次から一つ選び、記号で答えなさい。〔10点〕

ア 「物語」を仲間に伝えたくなる力。

イ 自分が体験したことを語る力。

ウ 体験していないことの知識を共有できる力。

エ 自分の体験を脚色したり誇張したりする力。

3 ——線③「誤解に基づく『物語』は……悲劇をもたらす」とありますが、時として「物語」が大きな悲劇をもたらすのはなぜですか。□に当てはまる言葉を、文章中から抜き出しなさい。5点×2〔10点〕

言葉や文化の違う民族の間では、誤解が修復されないまま「物語」がⓐ□□□□をしてⓑ□□□□を増幅しかねないから。

漢字を読もう！ ①鎖 ②悲惨 ③欧米
←答えは左ページ

り歩きをして敵対意識を増幅しかねない。私がゴリラの調査で足を踏み入れるルワンダやコンゴなどでも紛争が絶えず、肌で戦いを感じる機会が何度もあった。④今でも世界各地で争いや衝突が絶えないのは、互いに相手を悪として自分たちに都合のよい「物語」を作りあげ、それを世代間で継承し、果てしない戦いの心を抱き続けるからだ。どちらの側にいる人間も、その「物語」を真に受け、反対側に立って自分たちを眺めてみることをしない。

アフリカの森で暮らすゴリラの調査を通じて、私は人間の、自然や動物、そして人間自身を見る目が⑤いかに誤解に満ちているかを知ることができた。その誤解を解くためには、相手の立場に立って、一つ一つの行動にどんな意味があるかを考えることが必要である。人から伝え聞いた「物語」と実際に自分が向かい合っている現象とを照らし合わせ、これまでの常識を疑ってみる態度も必要となる。「物語」によって作られた常識の陰に、しいたげられている生き物や人間がいないか、意味を取り違えて排除していることがないか、思いを巡らすことが大切だと思う。

ドラミングが戦いの宣言だという「物語」の誤解を超えた先には、「ゴリラが人間とは別の表現を用いて平和を保っている」という私にとって新しい価値をもつ豊かな世界が広がっていた。体の仕組みや能力の違う動物の視点に立つためには、その動物が暮らしている自然をよく知ることが必要になる。同じように、この地球に生きるさまざまな人々に起きている「物語」の真実を知るためには、その人々が暮らしている文化や社会をよく理解することが必要であろう。

〔山極(やまぎわ)寿一(じゅいち)「作られた『物語』を超えて」による〕

4 やや難 ——線④「今でも世界各地で争いや衝突が絶えない」のは、どのような「物語」によるものですか。〔20点〕

5 ——線⑤「いかに誤解に満ちているか」とありますが、誤解を解くために必要なことは何ですか。そのことを説明している連続する三文を文章中から抜き出し、一文目の初めの五字を書きなさい。〔10点〕

6 よく出る 筆者の主張として適切なものを次から一つ選び、記号で答えなさい。〔20点〕

ア 文化や社会が違えば、そこで暮らす人間の体の仕組みや能力も違ってくるため、それを理解すれば「物語」を超えられる。

イ 世界各地で争いや衝突が絶えないのは言葉が通じないせいであって、多くの言葉を身につけられれば争いを避けられる。

ウ 相手の立場に立ち、「物語」によって作られた常識を再検討することで、「物語」の誤解を超えた豊かな世界を知ることができる。

エ しいたげられている生き物や人間の存在からはすばらしい「物語」が生まれることがあり、その価値を理解しなければならない。

漢字で書こう！ ①くさり ②ひさん ③おうべい
答えは右ページ➡

文法への扉1 すいかは幾つ必要？

テストに出る！ ココが要点

●文節・連文節の対応

・主語（部）と述語（部）、修飾語（部）と修飾される文節（連文節）の対応が正しいか。

●意味のまとまり

・読点を打つ、文を分ける、文節の順序を入れ替えるなどして、意味のまとまりを明確にする。

●呼応の副詞

・「決して……ない」、「まるで……ようだ」など、対応する語を要求する副詞に注意する。

●助詞の使い分け

・「に」「を」「へ」「で」などの助詞を理解し、正しく使い分ける。

例題

1 ——線を正しく直しなさい。

予報は、明日は晴れるそうだね。

（　　　　）

2 次の文を、①・②の意味になるように、読点を一つ打って書き直しなさい。

←

答えと解説

1 例 予報では

「明日は晴れるそうだね」が、**予報の内容になるように直す。**

2 ①僕は時計をにらみながら、走る友達を追いかけた。

確認

◇文節・連文節の対応、意味のまとまり、呼応の副詞や助詞の働きを正しく理解し、文章の推敲（すいこう）や解釈に生かす。

5分間攻略ブック p.19

テストに出る！ 予想問題

解答 p.3

20分 ／100点

1 次の文を、文節や連文節の対応を整えて書き直しなさい。 10点×3〔30点〕

① 僕の家の玄関は、玄関の前に真っ赤な花を飾っている。

② 将来の夢は、サッカー選手になりたいです。

③ 雪が降ったので外出できなかったから家でこたつに入っていたら居眠りしてしまった。〈文を分けて二文にし、読点を入れる〉

2 やや難 次の文は二通りの解釈ができます。それぞれ〈 〉内の指示に従って、わかりやすくなるように書き直しなさい。 15点×2〔30点〕

① 妹は兄と姉にピアノを習っている。〈読点を一つ入れて、妹だけがピアノを習っている意味に〉

←

漢字を読もう！ ①僅か ②把握 ③捉える
←答えは左ページ

・僕は時計をにらみながら走る友達を追いかけた。

① 時計をにらんでいるのは「僕」（　　）

② 時計をにらんでいるのは「友達」（　　）

3 □に当てはまる言葉を書きなさい。

① もし天気がいい□、散歩に行こう。（　　）

② たぶん、遠足には間に合わない□。（　　）

③ まるで冬の□寒さだ。（　　）

4 □に当てはまる言葉を選びなさい。

① 雨が降った□、遠足は中止だ。（　　）

② 雨が降った□、遠足に行く。（　　）

③ 君□この仕事にふさわしい人だ。（　　）

④ この仕事は子供□できる。（　　）

ア こそ　**イ** けれど　**ウ** ので　**エ** でも

---

② 僕は、時計をにらみながら走る友達を追いかけた。

②「時計をにらみながら走る友達を僕は追いかけた。」と、語順を入れ替えても同じ意味となる。

3 ① 例 なら　② 例 だろう　③ 例 ような

①「**もし……なら(ならば)**」、②「**たぶん……だろう(でしょう)**」、③「**まるで……ような**」と呼応する。

4 ① ウ　② イ　③ ア　④ エ

①「ので」は**順接の接続助詞**、②「けれど」は**逆接の接続助詞**。③「こそ」は強調の副助詞、④「でも」は極端な例を挙げて他を類推させる副助詞。

---

② 先月母が植えたひまわりの苗が大輪の花を咲かせた。
〈文節の順序を入れ替えて、大輪の花を咲かせたのが先月の意味に〉

（　　　　）

3 よく出る　□に当てはまる言葉をそれぞれ一つずつ選び、記号で答えなさい。　4点×4〔16点〕

① どうぞ、ゆっくりお休み□。

② まさか、こんなところには来る□。

③ 決して、あの店では物を買わ□。

④ どうして、こんな結果になったの□。

ア まい　**イ** か　**ウ** ない　**エ** ください

①	③
②	④

4 次の□に当てはまる、A～Cの意味に合う助詞をそれぞれ一つずつ選び、記号で答えなさい。　4点×6〔24点〕

① ケーキ□食べたくない。

A どうしても他のものではなくケーキが食べたい。

B ケーキもそれ以外の何も食べたくない。

C ケーキ以外の物なら食べてもいい。

ア さえ　**イ** しか　**ウ** は

② 十分□待たされた。

A 待ったのは僅かな時間だった。

B 大分長い間待った。

C 待ったのは約十分間だった。

ア くらい　**イ** だけ　**ウ** も

	①	②
A		
B		
C		

漢字で書こう！　①わず(か)　②はあく　③とら(える)
答えは右ページ➡

教科書 p.70～p.75／p.78～p.79

俳句の可能性／俳句を味わう

言葉1　和語・漢語・外来語

テストに出る！ ココが要点

俳句の形式や決まり

- 定型…五・七・五の十七音で構成される。
- 季語…季節を表す語。（季語を分類しまとめた本が「歳時記」。）
- 有季定型…一句の柱となる季語を入れ、五・七・五の定型で表現するという、基本の約束。
- 切れ字…句の切れ目に用いる言葉。「や」「かな」「けり」など。
- 自由律俳句…五・七・五の定型にとらわれない、自由な音律による俳句。
- 無季俳句…季語のない俳句。

確認

◆省略されている部分を、読む人の自由な解釈で補って鑑賞できるのが、俳句の魅力。俳句独特の約束事や表現のしかたなどを押さえておこう。

5分間攻略ブック p.5／p.16

例題　俳句の約束事とは

①どの子にも涼しく風の吹く日かな　　飯田（いいだ）龍太（りゅうた）

この句には、「どの子」とは誰なのか、風の吹いている場所はどこなのか、現在のことなのか、過去のことなのか、時間は午前なのか午後なのか、そのような説明が何も書かれていない。わかっているのは、②**季節が夏であること**、子供が複数いること、その子たちに涼しい風が分け隔てなく吹いていることだけである。

俳句が散文や報道記事などと違うのは、省略されている部分を、読む人の自由な解釈で補って鑑賞できるというところである。この句を読んで、「どの子にも」とは自分のことだ、と思う人もあるだろうし、校庭の

1 ――線①からわかるのは、どのようなことですか。

（　　　　　）

2 ――線②について答えなさい。

(1) よく出る ――線②は、俳句の中のどの言葉からわかりますか。

(2) よく出る このような言葉を、俳句では何とよびますか。

（　　　　　）

答えと解説

1 例 子供が複数いること。

子供が複数いて、「どの子にも」分け隔てなく風が吹いている情景。いつ、どこで、何人の子供がいるかは読む人の想像に委ねられている。

2 (1)涼しく　(2)季語

「涼し」は夏の季語。季語は昔の暦に従って決められているので、現在の季節感とは多少ずれている場合もある。季語の表す季節は**歳時記**で確認する。

漢字を読もう！　①膝　②侍　③軽やか

←答えは左ページ

木陰でクラスメイトとくつろいでいるときのことだと思う人もあるだろう。幼児の頃、海辺で遊んだ体験を思い出す人もあるだろう。
　そんな想像をかきたてる個々別々の言葉を一つにつないでいるのが、五・七・五という「定型」と、「涼し」という夏を表す言葉、すなわち「季語」である。③**詳しい説明を省略する俳句**には、一句の柱となる言葉に「季語」を用い、それを五・七・五という「定型」で表現するという基本的な約束がある。この約束を「④**有季定型**」といい、俳句という⑤**韻文**を支える大きな力となっている。「涼し」が夏の季語であることを知るには「歳時記」を繰ればよい。

〔宇多喜代子（うだきよこ）「俳句の可能性」による〕

3 ——線③について、詳しい説明を省略することによって、どのようなことが可能になりますか。

[　　]されている部分を、読む人の[　　　　　]で補って鑑賞すること。

4 よく出る ——線④とは、どういう約束事ですか。二つ選びなさい。

ア　季語を入れる。
イ　季語を入れない。
ウ　五・七・五の音律を守る。
エ　五・七・五の音律にとらわれない。

（　　）（　　）

5 ——線⑤に当たるものを選びなさい。

ア　客観的な視点による報告文。
イ　行数や音数に決まりのある詩。
ウ　一人称で書かれた小説。

（　　）

3 省略・自由な解釈

僅か十七音では詳しく説明するのに限界があるが、そこを**読む人が自由に想像できるのが俳句の魅力**である。

4 ア・ウ

季語を入れる＝**有季**、決まった音律を守る＝**定型**。季語を入れない句は**無季俳句**、五・七・五の音律にとらわれない句は**自由律俳句**という。

5 イ

韻文とは、短歌や俳句のように、一定の形式や音のリズムをもった文章のこと。形式や音のリズムをもたない普通の文章は、**散文**という。

漢字で書こう！　①ひざ　②さむらい　③かろ（やか）
答えは右ページ➡

テストに出る！

予想問題

解答 p.3　30分　100点

1 次の文章と俳句を読んで、問題に答えなさい。

A　いくたびも雪の深さを尋ねけり　　正岡子規

雪が激しく降っている。重い病気で寝ている子規が、僅かに見える障子の穴からその様子を見ている。どのくらい積もったのか、確かめることができない子規は、病室を出入りする人に、積雪の様子を幾度も尋ねる。今、くるぶしくらいまで積もったよ、とか、膝が埋まるくらいになったよ、などと聞き、庭や道路や公園に積もった雪景色を想像する。

降る雪のことを詳しく説明したくても、「定型」という制約の中では全部言い尽くせない。そこを補うために工夫された方法の一つに「切れ字」がある。例えば、冒頭の句*で、これ以上は言えないという断念を表しているのが、最後の「かな」であり、子規の句の「けり」である。

B　跳箱の突き手一瞬冬が来る　　友岡子郷

C　たんぽぽのぽぽと絮毛のたちにけり　　加藤楸邨

D　分け入つても分け入つても青い山　　種田山頭火

〔宇多喜代子「俳句の可能性」による〕

*冒頭の句……教科書70ページの「どの子にも……」の句。

1　Aの俳句で、雪の様子を幾度も尋ねているのは、作者がどのような状況にあるからですか。〔5点〕

2 次の俳句を読んで、問題に答えなさい。

A　赤い椿白い椿と落ちにけり　　河東碧梧桐

B　萬緑の中や吾子の歯生え初むる　　中村草田男

C　飛び込みのもう真っ白な泡の中　　神野紗希

D　金剛の露ひとつぶや石の上　　川端茅舎

E　冬菊のまとふはおのがひかりのみ　　水原秋櫻子

F　咳をしても一人　　尾崎放哉

〔「俳句を味わう」による〕

1　よく出る　A・Bの俳句から切れ字を抜き出しなさい。4点×2〔8点〕

A

B

2　体言止めの俳句を全て選び、記号で答えなさい。完答〔10点〕

3　よく出る　二つの色彩の対比を詠んだ俳句を二つ選び、それぞれ記号で答えなさい。4点×2〔8点〕

漢字を読もう！　①訴訟　②進捗　③隠蔽
←答えは左ページ

2 ――線「これ以上は言えないという断念を表している」とは、どういうことですか。次から一つ選び、記号で答えなさい。〔5点〕

ア 情景を詳しく説明できない悔しさを表しているということ。
イ これ以上言うと、読む人が自由に解釈できなくなるということ。
ウ 言葉では言い尽くせない感動を表しているということ。
エ 十分表現できたので、これ以上言葉は不要だということ。

3 次の文は、Bの俳句の鑑賞文です。□に当てはまる言葉を、俳句の中から抜き出しなさい。4点×2〔8点〕

跳び箱に手を突いて飛び上がった［Ⅰ］を切り取ることで、空中で触れた澄んだ空気を想像させ、［Ⅱ］が来たという季節感と結び付けている。

Ⅰ
Ⅱ

4 Cの俳句の季語と季節を書きなさい。3点×2〔6点〕

季語
季節

5 よく出る 次の文は、Dの俳句の鑑賞文です。□に当てはまる言葉を、俳句の中から抜き出しなさい。〔4点〕

「［　　］」という繰り返しが、山道をひたすら進む歩調に重なり、読者もいっしょに歩いているような気分にさせる。

4 Fの俳句について答えなさい。

(1) この俳句の形式について書きなさい。〔4点〕

五・七・五の音律にとらわれない［　　］俳句である。

(2) やや難 この俳句は、作者のどのような心情を詠んでいると考えられますか。〔15点〕

5 次の鑑賞文に合う俳句をA～Eの中から一つずつ選び、記号で答えなさい。3点×5〔15点〕

① 小さなものの上に宝石のような輝きを見いだしている。
② 輝くような花のたたずまいを詠んでいる。
③ 自然の風景に、幼な子のみずみずしい生命力を重ねている。
④ 動作の最初と最後を結び付け、スピード感を表している。
⑤ 花の色彩の対照を鮮やかに描いている。

① ② ③ ④ ⑤

3 次の単語を和語・漢語・外来語・混種語に分類し、記号で答えなさい。3点×4〔12点〕

① 来る　② 帰宅
③ IT革命　④ プライバシー

A 和語　B 漢語
C 外来語　D 混種語

① ② ③ ④

漢字で書こう！ ①そしょう　②しんちょく　③いんぺい
答えは右ページ➡

「私の一冊」を探しにいこう／羊と鋼の森

教科書 p.82～p.87

主題

◆高校生のときに偶然ピアノの調律師と出会った「僕」は、その人が出す音を耳にした瞬間、調律の世界に強く魅せられ、やがて自身も調律師となる。

5分間攻略ブック p.6

ココが要点

ピアノとの出会い（教 p.86～p.87）▶予想問題

- 「僕」は、調律師が出すピアノの音に、**森の匂い**を感じた。
- 「僕」は、調律に興味をもち、心の中に多くの**質問**が生まれた。
- 「僕」は、ピアノというものに**初めて出会った**気がした。

テストに出る！ 予想問題

解答 p.4　30分　100点

次の文章を読んで、問題に答えなさい。

〔高校生の「僕」は、調律師をピアノのある体育館へと案内した。〕

その人は振り向いた僕にかまわず、ピアノを鳴らし続けた。弾いているのではなく、幾つかの音を点検するみたいに鳴らしているのだった。僕はしばらくその場に立っていて、それからピアノの方へ戻った。

僕が戻ってもその人は気にしなかった。鍵盤の前から少し横にずれて、①グランドピアノの蓋を開けた。蓋――僕にはそれが羽に見えた。その人は大きな黒い羽を持ち上げて、支え棒で閉まらないようにしたまま、もう一度鍵盤をたたいた。

②森の匂いがした。夜になりかけの、森の入り口。僕はそこに行こうとして、やめる。すっかり陽の落ちた森は危険だからだ。昔、森に迷い込んで帰ってこられなくなった子供たちの話をよく聞かれる音が肌に触れる感触を知ったのももちろん初めてだった。

森の匂いがした。秋の、夜の。僕は自分のかばんを床に置き、ピアノの音が少しずつ変わっていくのをそばで見ていた。たぶん二時間余り、時がたつのも忘れて。

〔宮下奈都（みやしたなつ）「羊と鋼の森」による〕

1 よく出る ――線①「グランドピアノの蓋」を、「僕」は何にたとえていますか。文章中から六字で抜き出しなさい。〔10点〕

2 ――線②「森の匂いがした。」について答えなさい。

(1) 「僕」は、何に「森の匂い」を感じたのですか。□に当てはまる言葉を、文章中から抜き出しなさい。〔10点〕

蓋の開いたグランドピアノから出てくる□。

(2) 「森の匂い」を感じたとき、「僕」はどのような気持ちになりましたか。次から一つ選び、記号で答えなさい。〔15点〕

ア 珍しいものに出会い高揚する気持ち。
イ 深い世界の気配に足がすくむ気持ち。
ウ 非常に不快で逃げ出したくなる気持ち。
エ 危険を承知で探究しようとする気持ち。

漢字も読もう！　①嵐　②嗅ぐ　③曇る
←答えは左ページ

された。日が暮れかけたら、もう森に入っちゃいけない。昼間に思っているより、太陽の落ちる速度は速い。

気がつくと、その人は床に置いた四角ばったかばんを開けていた。見たことのないさまざまな道具が入っていた。③この道具を使ってピアノをどうするんだろう。ピアノで何をするんだろう。きいてはいけないと思った。きくという行為は、責任を伴う。きいて、答えてもらったら、もう一度こちらから何かを返さなくてはいけない気がした。質問は僕の中で渦を巻くのに、形にはならなかった。たぶん、返すものを何ももっていないからだ。

ピアノをどうするんですか。ピアノをどうしたいんですか。あるいは、ピアノで何をするんですか、だろうか。いちばんききたいのが何だったのか、そのときの僕にはわからなかった。今も、まだわからない。④きいておけばよかったと思う。あのとき、形にならないままでも、僕の中に生まれた質問をそのまま投げてみればよかった。何度も思い返す。もしもあのとき言葉が出てきていたなら、答えを探し続ける必要はなかった。答えを聞いて納得してしまえたのなら。

⑤僕は何もきかず、邪魔にならないよう、ただ黙ってそこに立って見ていた。

通っていた小さな小学校にも、中学校にも、ピアノはあったはずだ。ここにあるようなグランドピアノではなかったけれど、どんな音が出るのか知っていたし、ピアノに合わせて歌ったことだって何度もあった。

それでも、⑥この大きな黒い楽器を、初めて見た気がした。少なくとも、羽を開いた内臓を見るのは初めてだった。そこから生ま

3 ――線③「この道具を……するんだろう。」とありますが、「僕」はこの後、「その人」の作業によって、何がどうなっていく様子を見ましたか。「……様子。」につながるように、文章中から十六字で抜き出し、初めと終わりの五字を書きなさい。〔15点〕

□□□□□～□□□□□様子。

4 やや難 ――線④「きいておけばよかったと思う。」とありますが、「僕」がそう思うのはなぜですか。考えて書きなさい。〔20点〕

5 よく出る ――線⑤「僕は何もきかず……立って見ていた。」とありますが、このとき、「僕」はどのような気持ちでしたか。次から一つ選び、記号で答えなさい。〔15点〕

ア 「その人」がしていることに、なぜか強くひかれている。
イ 「その人」と自分とを比べて、知識の差に落ち込んでいる。
ウ 「その人」の不愛想な態度を、どこか不審に思っている。
エ 「その人」の集中力を切らすまいと、緊張している。

6 ――線⑥「この大きな黒い楽器を、初めて見た気がした」とありますが、「僕」は初めての経験としてどのようなことを挙げていますか。次の文の□に当てはまる言葉を書きなさい。〔15点〕

蓋の開いたピアノの内部を見たことと、□こと。

漢字で書こう！ 答えは右ページ➡ ①あらし ②か(ぐ) ③くも(る)

挨拶――原爆の写真によせて

テストに出る！ ココが要点

詩の表現

● 焼けただれた顔（広島の原爆でなくなった人々のひとつ）
すこやかな今日の顔／すがすがしい朝の顔（現在の私たち） ←→ 対比
● 一瞬にして死んだ二五万人の人すべて／いま在る／あなたの如く 私の如く／やすらかに 美しく 油断していた。
→平和への警鐘

主題

◆原爆の悲劇を忘れたかのように、私たちは平和に過ごしている。しかし、平和はいつ再び失われるかもしれない。その危うさを認識し、今何をすべきか考えてほしい。

テストに出る！ 予想問題

解答 p.4　30分　100点

次の詩を読んで、問題に答えなさい。

挨拶――原爆の写真によせて　　石垣りん

あ、
①この焼けただれた顔は
一九四五年八月六日
その時広島にいた人
二五万の焼けただれのひとつ
すでに此の世にないもの

……

一瞬にして死んだ二五万人の人すべて
いま在る
あなたの如く 私の如く
やすらかに 美しく ⑥油断していた。

1 広島に原爆が落とされた日時を書きなさい。〔10点〕

2 ――線①「焼けただれた顔」について答えなさい。

(1) この顔は、どのような人の顔ですか。□に当てはまる言葉を書きなさい。5点×2〔10点〕

ⓐ□によってⓑ□人の顔。

(2) よく出る 「焼けただれた顔」と対比されている「顔」を、詩の中から二つ抜き出しなさい。10点×2〔20点〕

3 ――線②「とはいえ」とありますが、何を受けて「とはいえ」と言っているのですか。次から一つ選び、記号で答えなさい。〔10点〕

ア 広島に原爆が落とされたとはいえ

②とはいえ
③友よ
向き合った互の顔を
も一度見直そう
戦火の跡もとどめぬ
すこやかな今日の顔
すがすがしい朝の顔を

その顔の中に明日の表情をさがすとき
私はりつ④ぜんとするのだ

地球が原爆を数百個所持して
生と死のきわどい淵を歩くとき
なぜそんなにも安らかに
あなたは美しいのか

しずかに耳を澄ませ
何かが近づいてきはしないか
見きわめなければならないものは目の前に
えり分けなければならないものは
手の中にある
⑤午前八時一五分は
毎朝やってくる

一九四五年八月六日の朝

イ　顔が焼けただれているとはいえ
ウ　私たちが広島の原爆を忘れていたとはいえ
エ　広島の悲劇は過去のことになっているとはいえ

4　――線③「友よ」とありますが、作者は誰に呼びかけているのですか。次から一つ選び、記号で答えなさい。〔10点〕

ア　原爆の写真に写っている人々　イ　今を生きる人々
ウ　原爆の犠牲になった人々　エ　作者と作者の友人

5 よく出る　――線④「りつぜんとするのだ」とありますが、その理由を次から一つ選び、記号で答えなさい。〔10点〕

ア　地球の環境が、人間の活動でどんどん悪化しているから。
イ　地球には数百個の原爆があることが明らかになったから。
ウ　危機がまだ存在しているのに、人々が認識していないから。
エ　人間の人生は、幸不幸がいつ訪れるか予想できないから。

6　――線⑤「午前八時一五分は／毎朝やってくる」とは、どういう意味ですか。簡潔に書きなさい。〔15点〕

7 やや難　――線⑥「油断していた」という表現に込められた作者の主張を、「私たちは、……」に続くように、「平和」という言葉を使って書きなさい。〔15点〕

私たちは、

漢字で書こう！　①いっしゅん　②あと　③げんばく
答えは右ページ➡

故郷

教科書 p.98～p.113

主題

◇二十年ぶりに故郷に帰った「私」は、幼なじみのルントウと再会するが、生活に疲れた彼に昔の面影はなかった。故郷を後にする「私」は、希望に思いをはせる。

5分間攻略ブック p.6

テストに出る！ ココが要点

ルントウとの再会（教p.105～p.108）➤予想問題

- ルントウの姿…生活苦でやつれ、記憶とは似もつかない。
- 喜びと寂しさの色を浮かべたルントウに「旦那様」と呼ばれ、悲しむべき厚い壁の存在を感じる。
- かつてのルントウにそっくりの子・シュイションを連れていた。

故郷を離れる「私」の思い（教p.110～p.111）➤例題

- 自分とルントウとの距離は遠くなったが、若い世代には隔絶することなく、新しい生活をもってほしい。
- 希望とは地上の道のようなものである。もともと地上には道はない。歩く人が多くなれば、それが道になるのだ。

例題　故郷を離れる「私」の思い

母とホンルとは寝入った。

私も横になって、船の底に水のぶつかる音を聞きながら、今、自分は、自分の道を歩いているとわかった。思えば①**私とルントウとの距離は全く遠くなった**が、若い世代は今でも心が通い合い、現にホンルはシュイションのことを慕っている。せめて彼らだけは、私と違って、互いに隔絶することのないように……とはいっても、彼らが一つ心でいたいがために、私のように、むだの積み重ねで魂をすり減らす生活を共にすることは願わない。また、ルントウのように、打ちひしがれて心が麻痺（ひ）する生活を共にすることも願わない。また、他の人のように、やけを起こして野放図に走る生活を共にすることも願わない。希望をいえば、②**彼ら**

1 ――線①とは、どのようなことですか。

「私」とルントウとは、互いに［　　］してしまったということ。

2 「私」とルントウは今、それぞれどのような状態にあるのですか。

ア　新しい生活をもとうと努力している。
イ　むだの積み重ねで魂をすり減らしている。
ウ　打ちひしがれて心が麻痺している。
エ　やけを起こして野放図に走っている。

「私」…（　　）　ルントウ…（　　）

答えと解説

1 隔絶

✎ **ここでの「距離」は、単なる空間的な距離ではない。**かつては兄弟同然だった「私」とルントウの間には、**身分や境遇の違いから大きな溝ができてしまった**のだ。

2 「私」…イ　ルントウ…ウ

✎ ホンルとシュイションにはかつての自分とルントウのような仲でいてほしいが、そのために**自分たちや他の人のようなあやまち**を繰り返すことを「私」は望んでいない。

漢字を読もう！　①艶　②駄賃　③雇い人
←答えは左ページ

は新しい生活をもたなくてはならない。私たちの経験しなかった新しい生活を。

希望という考えが浮かんだので、私はどきっとした。たしかルントウが香炉と燭台を所望したとき、私は、相変わらずの偶像崇拝だな、いつになったら忘れるつもりかと、心ひそかに彼のことを笑ったものだが、今私のいう希望も、やはり手製の偶像にすぎぬのではないか。ただ、③**彼の望むものはすぐ手に入り、私の望むものは手に入りにくい**だけだ。

まどろみかけた私の目に、海辺の広い緑の砂地が浮かんでくる。その上の紺碧の空には、金色の丸い月が懸かっている。思うに希望とは、もともとあるものともいえぬし、ないものともいえない。それは地上の道のようなものである。④**もともと地上には道はない。歩く人が多くなれば、それが道になるのだ。**

〔魯迅／竹内好訳「故郷」による〕

---

3 ——線②は誰を指していますか。名前を書きなさい。

（　　　　）

4 よく出る ——線③について答えなさい。

(1) A「彼の望むもの」、B「私の望むもの」は、それぞれ何を指していますか。

A（　　　　）

B（　　　　）

(2) AとBの共通点は何ですか。

どちらも（　　　　）にすぎないということ。

5 よく出る ——線④は、どのようなことを表していますか。

多くの人が（　　　　）をもち努力すれば、いつか実現するということ。

---

3 例 ホンルとシュイション

「私」は若い世代のホンルたちに、**新しい生活**を築いてほしいという**希望**を抱いている。

4 (1) A…香炉と燭台

B…希望(新しい生活)

(2) 偶像

ここでの「偶像」とは、「信仰の対象となるもの」を意味する。ルントウの欲しがる「香炉と燭台」も「私」の求める「希望」も、独りよがりにすぎないのではないかと思った「私」は、「**どきっとした**」のだ。

5 希望

多くの人が歩けば自然に道ができるように、**多くの人が希望を胸に抱いて前へ進めば、いつか実現できる**と「私」は考えている。

漢字で書こう！ ①つや　②だちん　③やと(い)にん
答えは右ページ➡

テストに出る！

予想問題

次の文章を読んで、問題に答えなさい。

解答 p.5　30分　100点

　ある寒い日の午後、私は食後の茶でくつろいでいた。表に人の気配がしたので、振り向いてみた。思わずあっと声が出かかった。急いで立ち上がって迎えた。

　来た客はルントウである。ひと目でルントウとわかったものの、①そのルントウは、私の記憶にあるルントウとは似もつかなかった。背丈は倍ほどになり、昔の艶のいい丸顔は、今では黄ばんだ色に変わり、しかも深いしわが畳まれていた。目も、彼の父親がそうであったように、周りが赤く腫れている。私は知っている。海辺で耕作する者は、一日中潮風に吹かれるせいで、よくこうなる。頭には古ぼけた毛織りの帽子、身には薄手の綿入れ一枚、全身ぶるぶる震えている。紙包みと長いきせるを手に提げている。その手も、私の記憶にある血色のいい、丸々した手ではなく、太い、節くれだった、しかもひび割れた、松の幹のような手である。

　私は、感激で胸がいっぱいになり、しかしどう口をきいたものやら思案がつかぬままに、ひと言、

「ああルントウちゃん――よく来たね……。」

　続いて言いたいことが、後から後から、数珠(じゅず)つなぎになって出かかった。チアオチー、跳ね魚、貝殻、チャー……。だが、それらは、②何かでせき止められたように、頭の中を駆け巡るだけで、口からは出なかった。

　彼は突っ立ったままだった。③喜びと寂しさの色が顔に現れた。

1　――線①「そのルントウは、私の記憶にあるルントウとは似もつかなかった」について答えなさい。

(1)　「私の記憶にあるルントウ」の様子を表している言葉を、文章中から二つ抜き出しなさい。　6点×2〔12点〕

(2)　子供の頃の「私」とルントウとの間柄を表した言葉を、文章中から四字で抜き出しなさい。　〔10点〕

(3)　現在のルントウの姿からは、どのような暮らしぶりが読み取れますか。次から一つ選び、記号で答えなさい。　〔10点〕

ア　貧しいながらも、充実した生活を送っている。
イ　長年厳しい労働を続けているが、生活は苦しい。
ウ　みすぼらしく年老いて、働くことさえできない。
エ　貧しさに心もすさみ、攻撃的になっている。

2　――線②「何かでせき止められたように、頭の中を駆け巡るだけで、口からは出なかった」とありますが、このときの「私」の心情を次から一つ選び、記号で答えなさい。　〔10点〕

ア　ルントウへのなつかしさと、思い出話をすることへのむなしさ。
イ　変わり果てたルントウへの失望と、貧しい暮らしぶりへの同情。
ウ　何から話すべきかという迷いと、身分の違うルントウへの遠慮。
エ　ルントウと再会できた喜びと、変わり果てた姿への戸惑い。

漢字を読もう！　①慕う　②塀　③溺愛
←答えは左ページ

唇が動いたが、声にはならなかった。最後に、うやうやしい態度に変わって、はっきりこう言った。

「旦那様！　……。」

④私は身震いしたらしかった。⑤悲しむべき厚い壁が、二人の間を隔ててしまったのを感じた。私は口がきけなかった。

彼は後ろを向いて、「シュイション（水生）、旦那様にお辞儀しな。」と言って、彼の背に隠れていた子供を前へ出した。これぞまさしく三十年前のルントウであった。いくらか痩せて、顔色が悪く、銀の首輪もしていない違いはあるけれども。「これが五番目の子でございます。世間へ出さぬものですから、おどおどしておりまして……。」

母とホンルが二階から下りてきた。話し声を聞きつけたのだろう。

「御隠居様、お手紙は早くにいただきました。全く、うれしくてたまりませんでした、旦那様がお帰りになると聞きまして……。」と、ルントウは言った。

「まあ、なんだってそんな他人行儀にするんだね。おまえたち、昔は兄弟の仲じゃないか。昔のように、シュンちゃん、でいいんだよ。」と、母はうれしそうに言った。

「めっそうな、御隠居様、なんとも……とんでもないことでございます。あの頃は子供で、何のわきまえもなく……。」そして、またもシュイションを前に出してお辞儀させようとしたが、子供ははにかんで、父親の背にしがみついたままだった。

〔魯迅（ろじん）／竹内好（たけうちよしみ）訳「故郷」による〕

3 やや難　――線③「喜びと寂しさの色が顔に現れた。」とありますが、ルントウは、どのようなことに対して、Ⅰ…「喜び」とⅡ…「寂しさ」を感じたのですか。それぞれ書きなさい。　12点×2〔24点〕

Ⅰ

Ⅱ

4 よく出る　ここには「私」の――線④「私は身震いしたらしかった。」とありますが、どのような気持ちが表れていますか。次から一つ選び、記号で答えなさい。　〔10点〕

ア　昔とは違う謙虚なルントウの態度に感動している。
イ　親しみを表さないルントウに嫌悪（けんお）感を覚えている。
ウ　思いがけないルントウの言葉に強い衝撃を受けている。
エ　本心を見せようとしないルントウを恐ろしく思っている。

5 よく出る　――線⑤「悲しむべき厚い壁」とは、どのようなものをたとえていますか。□に当てはまる言葉を考えて書きなさい。　〔10点〕

「私」とルントウとの□。

6 ルントウは、「私」や「私の母」に対してどのような態度をとっていますか。文章中から八字と四字で抜き出しなさい。　7点×2〔14点〕

漢字で書こう！　①した(う)　②へい　③できあい
答えは右ページ➡

教科書 p.117～p.118／p.119～p.121

言葉2 慣用句・ことわざ・故事成語
漢字2 漢字の造語力

5分間攻略ブック p.7

確認

◇慣用句・ことわざ・故事成語は、先人の言語感覚や知恵が込められた一定の言葉の言い回しである。
◇社会や生活の変化によって、新しい語が生み出される。

テストに出る！ ココが要点

言葉2 慣用句・ことわざ・故事成語

●慣用句…二つ以上の言葉が結び付いて、もともとの言葉の意味とは別の意味を表すもの。
例鼻が高い・すずめの涙

●ことわざ…生活上の知恵や教訓が込められた言葉。たとえで表されたものが多く、古くから世間で言いならわされてきた。
例泣き面(つら)に蜂・とんびがたかを生む

●故事成語…中国の古典に由来し、歴史的な事実や言い伝えを基に作られた言葉。
例矛盾・四面楚歌(そか)

例題

1 次の慣用句の意味を選びなさい。

① 足を引っ張る （　　）
② 手をつける （　　）
③ 顔が広い （　　）
④ 枕を高くする （　　）

ア じゃまをする。 イ 知人が多い。
ウ 取りかかる。 エ 安心する。

答えと解説

1 ①ア ②ウ ③イ ④エ

④安心して眠る様子を表す。

テストに出る！

予想問題

解答 p.5

20分 100点

言葉2 慣用句・ことわざ・故事成語

1 よく出る 次の文は慣用句を使った文です。□に当てはまる言葉を後から一つずつ選び、記号で答えなさい。 5点×4〔20点〕

① □を売っていないで、働きなさい。
② 過去のことは□に流す。
③ 彼女は□が置けない友人だ。
④ 甘いものには□がない。

ア 気 イ 水 ウ 油 エ 目

①	②
③	④

2 やや難 □に当てはまる言葉を書いて、ことわざを完成させなさい。 5点×4〔20点〕

① 二度あることは□ある
② 雨降って□固まる
③ 背に□はかえられぬ
④ 類は□を呼ぶ

①	②
③	④

3 よく出る 次の故事成語の意味を後から一つずつ選び、記号で答えなさい。 5点×6〔30点〕

① 蛍雪の功 ② 呉越同舟
③ 推敲(すいこう) ④ 背水の陣
⑤ 漁夫の利 ⑥ 登竜門

漢字を読もう！ ①折衷 ②中枢 ③猶予
←答えは左ページ

2 次の故事成語の意味を選びなさい。

① 杞憂（きゆう）（　　）
② 覆水盆に返らず（　　）
③ 杜撰（ずさん）（　　）
④ 五十歩百歩（　　）

ア 取り返しがつかない。
イ 大差がない。
ウ 間違いが多い。
エ 無用の心配。

漢字２　漢字の造語力

例題

3 次の単語の翻訳語を選びなさい。

① science（　　）
② culture（　　）
③ nature（　　）

ア 科学　**イ** 自然　**ウ** 文化

4 次の熟語を省略した熟語を書きなさい。

① 産業廃棄物（　　）
② 厚生労働省（　　）
③ 模擬試験（　　）

2 ①エ　②ア　③ウ　④イ

①杞の国にひどく心配性の人がいたという故事から。②ひっくり返った盆（器）の水を元に戻すことはできないことから。③杜黙（ともく）という人の詩が規則に合わないものが多かったことから。④戦場で五十歩逃げるのも百歩逃げるのも同じということから。

答えと解説

3 ①ア　②ウ　③イ

翻訳語は、西洋の書物を翻訳するときに漢字の造語力を生かして作られた言葉。

4 ①産廃　②厚労省　③模試

①**産業／廃棄物**。熟語の構成に注意して考える。

ア 第三者が利益を横取りすること。
イ 苦労して学問し、立派な人物になること。
ウ 仲の悪い者同士が同じ行動をとること。
エ 文章の言葉を何度も練り直すこと。
オ 出世の関門。
カ 決死の覚悟で事に当たること。

①	③	⑤
②	④	⑥

漢字２　漢字の造語力

4 次の熟語の意味を後から一つずつ選び、記号で答えなさい。　２点×５〔10点〕

① 就活　② 食育
③ 地産地消　④ 固定電話
⑤ 減災

ア 有線電話。携帯電話と区別する意味で用いられる。
イ 健全な食生活を送ることができるようにする教育。
ウ 地元の生産物を地元で消費すること。
エ 就職先を見つけるための活動。
オ 災害時の被害を最小限に抑えること。

①	④
②	⑤
③	

5 よく出る　**□に当てはまる漢字を□から一つずつ選び、対義語を完成させなさい。**　５点×４〔20点〕

① 可決⇔□決
② 上昇⇔下□
③ 理想⇔□実
④ 人工⇔自□

然　降　真　現　不　否

①	③
②	④

漢字で書こう！　①せっちゅう　②ちゅうすう　③ゆうよ
答えは右ページ➡

人工知能との未来 人間と人工知能と創造性

教科書 p.124～p.125／p.126～p.129

要旨

◆〈人工知能との未来〉人工知能には不安もあるが、活用次第で人間の大きな力となる。〈人間と人工知能と創造性〉人間と人工知能は、得意なことを分担するのがよい。

5分間攻略ブック p.9

テストに出る！ ココが要点

人工知能との未来（教 p.124～p.125）➤予想問題

- 将棋ソフト…思考の過程がブラックボックス。恐怖心がない。
- 棋士…人工知能に不安や恐怖。→今後の社会の在り方を先取り。
- 人工知能が浸透する社会では、自分で思考し判断する必要がある。
- 人工知能から、新たな思考やものの見方をつむぐこともできる。

人間と人工知能と創造性（教 p.126～p.127）➤例題

- 筆者はコンピュータに小説を書かせる研究をしている。
- コンピュータは、偏りのないものをたくさん生み出すことが得意。
- コンピュータは、多くの中から優れたものを選ぶ「評価」が苦手。
- 人間とコンピュータは、得意なことを分担して共同するのがよい。

例題 人間と人工知能と創造性

　コンピュータに小説を書かせる研究を進めてきて、わかってきたことがある。

　創造性は新しいことを思いつく能力だと書いたが、今までにないことを思いつくだけであれば、むしろコンピュータのほうが人間よりも得意である。①**我々の研究**によれば、コンピュータは一時間に十万作の小説を書くことが可能だ。どれも似たり寄ったりの内容だ（しかも、まだあまりおもしろくない）が、表面上は異なる作品である。人間の作家は、いくら速くてもこんなペースで作品を作ることはできない。

　また②**人間の思いつき**は、自由に発想しようとしてもどうしても偏りが出る。もっている知識やそれまでの経験に影響を受けてしまうのだ。その点、コンピュー

1 ――線①とは、どのような研究ですか。

コンピュータに（　　　　）を書かせる研究。

2 ――線②と比べ、コンピュータの「思いつき」はどうなのですか。選びなさい。

ア 偏ったものしか生み出せない。
イ 人間と同じくらい偏りが出る。
ウ 偏りのないものを多く生み出せる。

（　　）

3 文章中の□に当てはまる言葉を選びなさい。

（　　）

答えと解説

1 小説

筆者は人工知能研究者。星新一（ほししんいち）さんが書くような小説をコンピュータに書かせる試みをしている。

2 ウ

人間…偏りのないものを生み出すのが苦手。コンピュータ…偏りのないものを短時間にたくさん生み出すことが得意。

3 ア

「数字をばらばらに書いていく」

漢字を読もう！　①依然　②偏り　③審査

←答えは左ページ

タは偏りのないものをたくさん生み出すことが得意である。［　］数字をばらばらに書いていくという作業をさせると、人間は偏りが生じて同じパターンに陥ってしまうが、コンピュータは各数字が等しい出現頻度になるように書き続けることができる。

いっぽうで、コンピュータにとって難しいのは、③**たくさんの作品の中から優れたものを選ぶこと**である。人間の創造性について考えてみよう。多くの場合、新しく思いつくことのほとんどは使いものにならない。新しいつもりでも誰かが既にやっていたことであったり、全く意味のないことであったりする。人間はそれらの中から見込みがありそうなものだけを、おそらくは無意識のうちに選んでいるのである。たくさんの候補の中から見込みのありそうなものだけを選び出す作業のことを「評価」とよぶことにする。人間のすばらしい創造性は、この評価の部分に基づいている。何をよいとするか、おもしろいとはどういうことか。コンピュータにはこの評価が難しいのである。

ここに、④**人間と人工知能の関係の中で人間が果たすべき役割**を考えるヒントがあると思う。人間とコンピュータは得意なことが異なる。したがって、それぞれが得意なことを分担し、共同して物事に当たるのがよい。

〔松原(まつばら)仁(ひとし)「人間と人工知能と創造性」による〕

ア 例えば
イ ところが
ウ このように
（　　）

4 よく出る ——線③について、答えなさい。

(1) 筆者はこの作業を何とよんでいますか。二字で抜き出しなさい。

［　　］

(2) これはどのような作業ですか。

人間は（　　）とするが、コンピュータには（　　）作業。

5 よく出る ——線④とは、どのような役割ですか。選びなさい。

ア コンピュータの働きを監視する役割。
イ コンピュータの苦手分野を担う役割。
ウ コンピュータの決定を実行する役割。
（　　）

6 文章の内容をふまえると、これからの時代の人間には、どのような力が重要になると考えられますか。選びなさい。

ア 新しいことを思いつく創造力。
イ 単調な作業を続ける忍耐力。
ウ 適切に評価をこなす判断力。
（　　）

という**具体例を挙げて**、コンピュータの生み出すものに偏りがないことを説明している。

4 (1) 評価　(2) 得意・難しい

「**たくさんの候補の中から見込みのありそうなものだけを選び出す作業のことを『評価』とよぶことにする**」とある。
人間…「評価」が**得意**。
コンピュータ…「評価」が**苦手**。

5 イ

人間とコンピュータとでは**得意とするものが異なる**ので、それぞれ**が得意なことを分担**して、共に物事に当たるのがよいと述べている。

6 ウ

人間が得意でコンピュータが苦手なことは「評価」。これからの時代の人間には、この「評価」をより適切にこなすことが求められる。**「評価」を行うためには、「何をよいとするか」を判断する力が重要**になる。

漢字で書こう！　①いぜん　②かたよ（り）　③しんさ
答えは右ページ➡

テストに出る！

予想問題

解答 p.6　30分　100点

次の文章を読んで、問題に答えなさい。

興味深いのは、現在、人工知能を搭載した将棋ソフトと人間の棋士との間で起きている事象が、今後の社会の在り方を先取りしているように思えることです。そこで私は、①棋士が直面している違和感から話を始めたいと思います。

一つは、人工知能の思考は過程がブラックボックスになっていることです。将棋ソフトは、過去の膨大なデータを基に、目の前の局面が有利か不利かの形勢を判断する、評価値とよばれる数値を出します。数がプラスに大きければ大きいほど有利で、マイナスに大きければ大きいほど不利となります。この評価値は極めて有効に働くため、現在はプロ棋士が参考にするようになっています。しかし、膨大な情報をどのように処理してその結論に至ったのか、人間にはわからないのが現状です。社会が人工知能を受容していく中で、意思決定の過程がブラックボックスになることには、多くの人が不安を覚えると思います。

もう一つ、将棋ソフトを使う棋士の間でいわれるのは、人工知能には「恐怖心がない」ということです。人工知能はただただ過去のデータを基に次の一手を選ぶため、人間であれば危険を察知して不安や違和感を覚えるような手でも、平然と指してきます。私たち棋士は、そこに恐怖を感じるのです。これを、例えば人工知能ロボットに置き換えてみると、どうでしょう。安心感や安定感など、人間が無意識に求める価値や倫理を共有していない相手が出した結論を基に、それが導き出された過程を分析し、自分の思考の幅を広げていく道もあるはずです。人工知能に全ての判断を委ねるのではなく、人工知能から新たな思考やものの見方をつむいでいこうとする発想のほうが、より建設的だと思います。

〔羽生善治「人工知能との未来」による〕

1 よく出る (1) 棋士は、――線①「棋士が直面している違和感」について答えなさい。

(1) 棋士は、人工知能がどのようであることに違和感を覚えているのですか。二つ書きなさい。　10点×2〔20点〕

(2) (1)のような違和感を基に、筆者は今後の社会についてどのように考えていますか。次から一つ選び、記号で答えなさい。〔15点〕

ア 人々は安心感をもって広く人工知能を受容し、社会はより便利になるだろう。

イ 棋士が抱く違和感を、社会の多くの人々が人工知能に感じることはないだろう。

ウ 人工知能と共に社会生活を営むことに、人々は不安や恐怖を感じるだろう。

エ 人工知能は、人々に気づかれないように巧みに社会に浸透していくだろう。

2 ――線②「そうである」とはどのようなことですか。□に当てはまる言葉を、文章中から九字で抜き出しなさい。〔10点〕

漢字の読もう！　①顕著　②棋士　③既に
←答えは左ページ

と、安心して社会生活を営めるものでしょうか。私には正直、確信がもてません。

膨大なデータと強大な計算力で最適解を導き出す人工知能。それに対し人間は、経験からつちかった「美意識」を働かせて物事を判断しているといえます。人工知能が社会のあらゆる場面で意思決定に関与するようになれば、人間の「美意識」にはとても受け入れがたい判断をすることもあるでしょう。また、将棋ソフトの評価値が実は②そうであるように、人工知能の判断が常に絶対的に正しいわけでもありません。つまり、私たち人間は、どこまで評価値の判断を参考にするかまで含めて、選択肢を考えていくことが必要になります。そして、このような判断力は、普段から自分で考えることでしか、養われないのです。

人工知能が浸透する社会であっても、むしろそのような社会だからこそ、③私たちは今後も自分で思考し、判断していく必要があるといえます。人工知能への違和感や不安を拭い去るのは難しいことですが、このような社会の到来が避けられない以上、④人工知能をいわば「仮想敵」のように位置づけてリスクを危惧するより、今後どのように対応するかを考えていくほうが現実的ではないでしょうか。

さらにいえば、⑤人工知能は、うまく活用すれば人間にとって大きな力となるはずです。将棋ソフトは人間が考えもしない手を指すと述べましたが、それは、自分の視座が変わるような見方を教えてくれるということでもあります。「自分はこう思うが、人工知能はどう判断するのか。」と、あくまでセカンドオピニオンとして人工知能を使っていく道もあるでしょう。また、人工知能が

将棋ソフトの評価値は［　　　　　　　　　］わけではない。

3 やや難 ——線③「私たちは今後も……必要がある」とありますが、私たちは「美意識」のほかに、どのようなことまで含めて判断する必要がありますか。［　］に当てはまる言葉を、十字以内で考えて書きなさい。〔15点〕

どこまで［　　　　　　　　　　］にするかということ。

4 ——線④「人工知能を……現実的ではないでしょうか」とありますが、筆者がこのように考えるのはなぜですか。〔15点〕

［　　　　　　　　　　］

5 ——線⑤「人工知能は……大きな力となる」とありますが、筆者はどのような発想で人工知能を活用すればよいと考えていますか。文章中から三十字で抜き出し、初めと終わりの五字を書きなさい。〔10点〕

［　　　　　］～［　　　　　］

6 よく出る 筆者の人工知能に対する考え方として適切なものを次から一つ選び、記号で答えなさい。〔15点〕

ア 人間に代わる社会の頭脳として、広く普及させるべきだ。

イ 人間が判断の主体となることを前提に、上手に活用すべきだ。

ウ 人間への影響は未知数なので、慎重に導入すべきだ。

エ 人間に害を及ぼす危険性があり、活用を控えるべきだ。

［　］

漢字で書こう！ ①けんちょ ②きし ③すで(に)

答えは右ページ➡

初恋

教科書 p.140～p.141

主題

◆初々しい恋心を歌った詩。「林檎」に象徴される、甘ずっぱくみずみずしい初恋の感情を七五調の美しいリズムで歌っている。

5分間攻略ブック p.10

テストに出る！

ココが要点

詩の形式

- 文語定型詩…昔の言葉で、音数やリズムに決まりがある詩。
- 七五調…各行が七音＋五音で構成されている。

詩の構成

- 第一連…「君」と「われ」との出会い。
- 第二連…恋の始まり。
- 第三連…心を通わせ合い、恋の楽しさを知る。→恋の成就
- 第四連…二人で通った林檎畠には、いつのまにか細道ができていた。→恋心の高まり

テストに出る！

予想問題

解答 p.6

30分　100点

次の詩を読んで、問題に答えなさい。

初恋　島崎藤村

①まだあげ初めし前髪の
林檎のもとに見えしとき
前にさしたる花櫛の
花ある君と思ひけり

3 よく出る ――線①「まだあげ初めし前髪」とは、どのようなことを意味していますか。次から一つ選び、記号で答えなさい。〔10点〕

ア 幼い頃から、髪をだいぶ切っていること。
イ 髪を染めたばかりで、色がなじんでいないこと。
ウ 年頃になって、髪を結ったばかりであること。
エ 「われ」と会ってから、髪型を変えたこと。

4 ――線②「林檎をわれにあたへしは」について答えなさい。

(1) 「林檎」を言い換えた言葉を、詩の中から六字で抜き出しなさい。〔10点〕

(2) 「林檎」を「われ」にくれたのは、誰ですか。詩の中から一語で抜き出しなさい。〔10点〕

5 第三連「わがこころなき……酌みしかな」からは、どのようなことがわかりますか。次から一つ選び、記号で答えなさい。〔10点〕

ア 「われ」の思いが、まだ「君」に通じていないこと。
イ 「君」に振り向いてもらえず、「われ」が苦しんでいること。
ウ 「われ」が「君」をひどく傷つけ、恋が終わったこと。
エ 「君」に思いが通じ、「われ」が幸せを味わっていること。

漢字の読もう！ ①踏む　②前髪　③恋
←答えは左ページ

やさしく白き手をのべて
②林檎をわれにあたへしは
薄紅(うすくれなゐ)の秋の実に
人こひ初めしはじめなり

わがこころなきためいきの
その髪の毛にかかるとき
たのしき恋の盃(さかづき)を
君が情(なさけ)に酌(く)みしかな

林檎畠(ばたけ)の樹(こ)の下(した)に
おのづからなる細道は
③誰(た)が踏みそめしかたみぞと
問ひたまふこそこひしけれ

1 よく出る この詩の形式を、漢字五字で書きなさい。〔10点〕

2 この詩の定型のリズムは何ですか。□に当てはまる言葉を書きなさい。〔10点〕

□調

6 やや難 ——線③「誰が踏みそめしかたみぞ」について答えなさい。

(1) この言葉を言ったのは、誰ですか。詩の中から一語で抜き出しなさい。〔10点〕

(2) この言葉の意味として適切なものを次から一つ選び、記号で答えなさい。〔10点〕

ア 誰が広い道に踏み固めるのでしょうか。
イ 誰が踏み固めた土の塊なのでしょうか。
ウ 誰が踏み散らかした跡なのでしょうか。
エ 誰が踏み固めてできた道なのでしょうか。

7 よく出る この詩の鑑賞文として適切なものを次から一つ選び、記号で答えなさい。〔20点〕

ア かなうことのなかった苦い恋の記憶を、春の情景に託して歌っている。
イ 出会いから恋心が高まっていく過程を、快い古語のリズムで歌っている。
ウ 複雑な恋愛の心理を、多くの比喩表現を用いて見事に分析している。
エ 古典に描かれた恋の情景を、現代を舞台にして新たに描き出している。

漢字で書こう！ ①ふ(む) ②まえがみ ③こい
答えは右ページ➡

和歌の世界／古今和歌集 仮名序
君待つと──万葉・古今・新古今

テストに出る！
ココが要点

「万葉集」
- 現存する日本最古の歌集。約四千五百首の歌を収める。
- 成立…奈良時代の末頃までに、大伴家持によって現在の形にまとめられた。
- 作者…天皇から民衆まで幅広い。
- 歌風…素朴で力強い。

「古今和歌集」
- 最初の勅撰和歌集。約千百首。
- 成立…平安時代の初期。
- 歌風…技巧的で繊細で優美。

「新古今和歌集」
- 八番目の勅撰和歌集。約千九百八十首。
- 成立…鎌倉時代の初期。
- 歌風…自然美や感情を象徴的に表現。

確認

〈和歌の表現方法──ある語句を導く働きの言葉〉
- 枕詞…基本は五音で、特定の語句の前に置かれる言葉。
- 序詞…音数、後に続く語句は定まっていない。

5分間攻略ブック p.10／p.17

例題 万葉・古今・新古今

A 春過ぎて夏来るらし白たへの衣干したり天の香具山　持統天皇

B 天地の　分かれし時ゆ　神さびて　高く貴き
駿河なる　富士の高嶺を　天の原　振り放け見れば
渡る日の　影も隠らひ　照る月の　光も見えず
白雲も　い行きはばかり　時じくそ　雪は降りける
語り継ぎ　言ひ継ぎ行かむ　富士の高嶺は　山部赤人

1 よく出る 体言止めの歌を二つ選び、記号で答えなさい。（　）（　）

2 季節の移り変わりを詠んでいる歌を二つ選び、記号で答えなさい。（　）（　）

3 Bの歌に対するCの歌のように、長歌の意味を要約したり補足したりする歌を何といいますか。

答えと解説

1 A・G
体言とは名詞（＝物・事などの名前を表す言葉）のこと。**体言で文や歌を切ることによって、余韻を残す技法を体言止め**という。

2 A・E
Aは干してある**白い衣に夏の訪れを**、Eは**風の音に秋の気配**を感じている。

3 反歌
B・Cは共に、雪を頂いた富士山の美しさを詠んでいる。**長歌と反**

漢字を読もう！ ①古今和歌集 ②貴い ③衣
←答えは左ページ

C　田子の浦ゆうち出でて見れば真白にそ富士の高嶺に雪は降りける
防人歌

D　父母が頭かき撫で幸くあれて言ひし言葉ぜ忘れかねつる
藤原敏行

E　秋来ぬと目にはさやかに見えねども風の音にぞおどろかれぬる
小野小町

F　思ひつつ寝ればや人の見えつらむ夢と知りせば覚めざらましを
藤原定家

G　見わたせば花も紅葉もなかりけり浦の苫屋の秋の夕暮
式子内親王

H　玉の緒よ絶えなば絶えねながらへば忍ぶることの弱りもぞする

〔「君待つと――万葉・古今・新古今」による〕

4　Dの歌の「父母」が言った言葉に当たる部分を抜き出しなさい。

（　　　　）

5　よく出る　Eの歌の「ぞ……ぬる」のように文末が変化する決まりを、何といいますか。

（　　　　）

6　よく出る　Fの歌の「人」とは、誰だと考えられますか。選びなさい。

ア　恋人　**イ**　友人　**ウ**　恩人

（　　　　）

7　Gの歌にはどのような情景が歌われていますか。選びなさい。

ア　華やかな情景。
イ　絶望的な情景。
ウ　わびしい情景。

（　　　　）

8　Hの歌の「玉の緒」とは、何を意味していますか。

（　　　　）

歌の組み合わせは万葉集の特色の一つである。

4　幸くあれ
防人とは、主に東国地方から徴集されて九州地方の守備に当たった兵士。ここでは、遠く旅立つ息子に両親が送った言葉である。

5　係り結び
係り結びは、**「や」「か」「ぞ」「なむ」→連体形、「こそ」→已然形**で結ぶ用法。**感動や疑問**の気持ちを**強調**する。

6　ア
恋人を思いながら寝たら、相手が夢に出てきてくれたのである。

7　ウ
花（桜）も紅葉もない秋の夕暮れの浜辺に、**わびしい情景の美しさを見いだした歌**である。

8　例　（私の）命
「命よ、絶えるなら絶えてしまえ。このままでは恋心を秘めておけなくなってしまうかもしれないから」という**激しい調子の恋の歌**である。

漢字で書こう！　①こきんわかしゅう　②とうと（い）／たっと（い）　③ころも
答えは右ページ➡

テストに出る！
予想問題

解答 p.7　30分　100点

1 次の和歌を読んで、問題に答えなさい。

A　春過ぎて①夏来るらし白たへの衣干したり天の香具山　持統天皇

B　東の野に②炎の立つ見えてかへり見すれば月傾きぬ　柿本人麻呂

C　君待つと我が恋ひ居れば我が屋戸のすだれ動かし秋の風吹く　額田王

D　田子の浦ゆ③うち出でて見れば真白にそ富士の高嶺に雪は降りける　山部赤人

E　④多摩川にさらす手作りさらさらに何そこの児のここだ愛しき　東歌

F　父母が頭かき撫で⑤幸くあれて言ひし言葉ぜ忘れかねつる　防人歌

G　人はいさ心も知らずふるさとは花ぞ昔の香ににほひける　紀貫之

H　思ひつつ寝ればや人の見えつらむ⑥夢と知りせば覚めざらましを　小野小町

I　道の辺に清水流るる柳かげしばしとてこそ⑦立ちどまりつれ　西行法師

---

7 やや難 Gの歌では、何と何を対比させていますか。□に当てはまる言葉を考えて書きなさい。　3点×2〔6点〕

変わらない ⓐ□ と変わりやすい ⓑ□。

8 ――線⑥「夢と知りせば覚めざらましを」を現代語に直しなさい。　〔6点〕

9 Iの歌から、係りの助詞と結びの語を抜き出しなさい。　3点×2〔6点〕

係りの助詞 □　結びの語 □

10 ――線⑦「立ちどまりつれ」の後に省略されている思いとして適切なものを次から一つ選び、記号で答えなさい。　〔5点〕

ア　ゆっくりと休めてよかった。

イ　思いがけなく長く休んでしまった。

ウ　もっと休んでいたかった。

エ　ほとんど休むことができなかった。

11 Jの歌は何句切れの歌ですか。漢数字で答えなさい。　〔5点〕

□句切れ

12 よく出る 次の鑑賞文に合う歌をA～Jから一つずつ選び、記号で答えなさい。　4点×8〔32点〕

① 辺境の地で親の愛情を思う気持ちを、素朴な言葉で表現している。

② 恋人を待つ女性の気持ちが、繊細な感覚を生かして詠まれている。

漢字を読もう！ ①貢献　②玉の緒　③携わる
←答えは左ページ

J　見わたせば花も紅葉もなかりけり浦の苫屋の秋の夕暮　藤原定家

〔「君待つと――万葉・古今・新古今」による〕

1　――線①「夏来るらし」とありますが、そう思ったのはなぜですか。〔6点〕

2　――線②「炎」とは、何ですか。次から一つ選び、記号で答えなさい。〔4点〕

ア　朝もや　**イ**　霜

ウ　あけぼのの光　**エ**　かげろう

3　やや難　Cの歌を、途中で二回間を取って読むとすると、それぞれ何句の後に間を取りますか。漢数字で順に答えなさい。完答〔5点〕

第□句の後と、第□句の後

4　――線③「ゆ」の意味を次から一つ選び、記号で答えなさい。〔4点〕

ア　～の方へ　**イ**　～に向かって

ウ　～まで　**エ**　～を通って

5　よく出る　――線④「多摩川にさらす手作り」の表現方法の説明になるように、□に当てはまる言葉を書きなさい。3点×2〔6点〕

「ⓐ□」を導くⓑ□である。

6　――線⑤「幸くあれ」を現代語に直しなさい。〔5点〕

③　広々とした野原で夜明けを迎える雄大さが詠まれている。

④　もの寂しい海岸の風景に美しさを見いだしている。

⑤　ひらけた視界にそびえる山の美しさが写実的に詠まれている。

⑥　緑と白の色彩の対比が、すがすがしい季節感を感じさせる。

⑦　旅で自然に触れた作者の実感が、素直にあふれ出た歌である。

⑧　娘へのいとしさがつのる様子をほのぼのと詠んでいる。

①
②
③
④
⑤
⑥
⑦
⑧

2　次の文章を読んで、問題に答えなさい。

①やまとうたは、②人の心を種として、よろづの言の葉とぞなれりける。世の中にある人、ことわざ繁きものなれば、心に思ふことを、見るもの、聞くものにつけて、言ひ出せるなり。花に鳴く鶯、水にすむ蛙の声を聞けば、生きとし生けるもの、③いづれか歌をよまざりける。

〔「古今和歌集　仮名序」による〕

1　よく出る　――線①・②は、それぞれ何にたとえられていますか。文章中からそれぞれ一字で抜き出しなさい。3点×2〔6点〕

①
②

2　――線③「いづれか歌をよまざりける」の意味を次から一つ選び、記号で答えなさい。〔4点〕

ア　どれが歌を詠むのか。　**イ**　どちらかが歌を詠んだ。

ウ　全てが歌を詠む。　**エ**　どれも歌を詠まない。

漢字で書こう！　①こうけん　②たま(の)お　③たずさ(わる)
答えは右ページ➡

教科書 p.154〜p.162

夏草――「おくのほそ道」から

主題

◇昔の旅人たちに憧れ、自らも旅に出た芭蕉。「おくのほそ道」には、芭蕉の人生観や旅への思い、人間のはかなさへの悲しみなどが描かれている。

5分間攻略ブック p.10／p.18

テストに出る！ ココが要点

作品

● 分類…紀行文。元禄二年（一六八九）三月から約百五十日間にわたる、江戸から美濃国大垣までの約二千四百キロメートル、百五十日を超える旅の記録を後日、書き記したもの。

● 表現・文体の特徴…漢語を多く用いた漢文調の文体で、対句表現がリズムを生んでいる。

作者

● 松尾芭蕉…江戸時代前期の俳人。

• 有名な句…「古池や蛙飛び込む水の音」「閑かさや岩にしみ入る蟬の声」「荒海や佐渡によこたふ天河」など。

• 他の紀行文…「野ざらし紀行」「笈の小文」など。

例題 「おくのほそ道」冒頭

月日は百代の過客にして、行きかふ年もまた旅人なり。舟の上に生涯を浮かべ、馬の口ⓐ**とらへて**老いを迎ふる者は、日々旅にして旅をすみかとす。①**古人**も多く旅に死せるあり。予もⓑ**いづれ**の年よりか、片雲の風にさそはれて、漂泊の思ひやまず、海浜にさすらへて、去年の秋、ⓒ**江上**の破屋に蜘蛛の古巣をはらひて、やや年も暮れ、春立てる霞の空に、白河の関越えむと、②**そぞろ神の物につきて心をくるはせ、道祖神の招きにあひて、取るもの手につかず**、股引の破れをつづり、笠の緒付けかへて、三里に灸すゆるより、松島の月まづ心にかかりて、住めるかたは人に譲りて、杉風が別墅に移るに、

1 よく出る 〰線ⓐ〜ⓒを現代仮名遣いに直し、全て平仮名で書きなさい。

ⓐ（　　　）ⓑ（　　　）ⓒ（　　　）

2 芭蕉は人生を何にたとえていますか。漢字一字で抜き出しなさい。

□

答えと解説

1 ⓐとらえて ⓑいずれ ⓒこうしょう

歴史的仮名遣いには、母音が**au・iu・eu**と続くとき→**ô・yû・yô**という決まりがある。ⓒの場合、「かう」→「こう」、「しやう」→「しょう」になる。

2 旅

「月日は百代の過客（＝永遠の旅人）」というたとえに注目。続く文章では、**船頭や馬子、昔の人々も旅に生きていた**と言っている。

漢字を読もう！ ①華やか ②門出 ③譲る
←答えは左ページ

草の戸も住み替はる代ぞ雛の家
面八句を庵の柱に懸け置く。

〔「夏草――『おくのほそ道』から」による〕

3 ――線①とは、どのような人たちですか。
ア 源義経や織田信長のような武将。
イ 清少納言や紫式部のような女流作家。
ウ 李白や西行のような旅の詩人や歌人。
（　　）

4 よく出る ――線②は、芭蕉のどのような気持ちを表していますか。
（　　　　）

5 芭蕉は旅支度としてどのようなことを始めましたか。
・（　　　　）を繕う。
・（　　　　）を付け替える。
・三里に（　　　　）を据える。

6 ――線③と同じものを表す言葉を二つ、それぞれ五字で抜き出しなさい。
□□□□□
□□□□□

3 ウ
「旅に死せる」古人とは、**李白、杜甫、西行、宗祇といった、昔の旅の詩人や歌人たち**を指している。

4 例 旅に出たくてたまらない気持ち。
何かにとりつかれたように、旅立ちたい気持ちを抑えられない。**道祖神とは道行く人を守る神**であり、旅の神に誘われたような気持ちでいるのである。

5 股引の破れ・笠の緒・灸
旅に出たくてたまらず、股引を繕い、笠を修理したり、足に灸を据えたりと、旅仕度に取りかかったのだ。

6 江上の破屋・住めるかた
芭蕉はそれまで住んでいた「草の戸（粗末な家）」を人に譲って門人の別荘に移った。家も新しい住人が越してきて、雛人形を飾ってにぎやかになったことを歌っている。

漢字で書こう！ ①はな（やか） ②かどで ③ゆず（る）
答えは右ページ➡

テストに出る！

予想問題

解答 p.7

30分

100点

1 次の文章を読んで、問題に答えなさい。

月日は①百代の過客にして、行きかふ年もまた旅人なり。舟の上に生涯を浮かべ、馬の口とらへて老いを迎ふる者は、日々旅にして旅をすみかとす。古人も多く旅に死せるあり。予もいづれの年よりか、片雲の風にさそはれて、②漂泊の思ひやまず、海浜にさすらへて、去年の秋、江上の破屋に蜘蛛の古巣をはらひて、やや年も暮れ、③春立てる霞の空に、白河の関越えむと、そぞろ神の物につきて心をくるはせ、道祖神の招きにあひて、取るもの手につかず、④股引の破れをつづり、笠の緒付けかへて、三里に灸すゆるより、松島の月まづ心にかかりて、住めるかたは人に譲りて、杉風が別墅に移るに、

草の戸も住み替はる代ぞ雛の家

面八句を庵の柱に懸け置く。

〔「夏草――『おくのほそ道』から」による〕

1 〰線ⓐ～ⓒを現代仮名遣いに直し、全て平仮名で書きなさい。 3点×3〔9点〕

ⓐ	ⓑ	ⓒ

2 ――線①「百代の過客」とありますが、Ⅰ…「百代」、Ⅱ…「過客」の意味を次から一つずつ選び、記号で答えなさい。 3点×2〔6点〕

2 次の文章を読んで、問題に答えなさい。

三代の栄耀①一睡のうちにして、大門の跡は一里こなたにあり。秀衡が跡は田野になりて、金鶏山のみ形を残す。まづ、高館に登れば、北上川南部より流るる大河なり。衣川は、和泉が城をめぐりて、高館の下にて大河に落ち入る。泰衡らが旧跡は、衣が関を隔てて南部口をさし固め、夷を防ぐと見えたり。さても義臣すぐつてこの城に籠もり、功名一時の草むらとなる。「国破れて山河あり、城春にして草青みたり」と笠打ち敷きて、時のうつるまで②涙を落としはべりぬ。

A 夏草や兵どもが夢の跡

B 卯の花に兼房見ゆる白毛かな 曾良

かねて耳驚かしたる二堂開帳す。経堂は三将の像を残し、光堂は三代の棺を納め、三尊の仏を安置す。七宝散り失せて、玉の扉風に破れ、金の柱霜雪に朽ちて、既に頽廃空虚の草むらとなるべきを、四面新たに囲みて、甍を覆ひて風雨を凌ぎ、しばらく千歳の記念とはなれり。

C 五月雨の降り残してや光堂

〔「夏草――『おくのほそ道』から」による〕

1 ――線①「一睡のうちにして」の意味を次から一つ選び、記号で答えなさい。 〔5点〕

漢字を読もう！ ①別荘 ②繕う ③鮮明

←答えは左ページ

ア 百年　イ 時間　ウ 旅人
エ 宿屋　オ 永遠

3 やや難 ――線②「漂泊の思ひ」とは、どのような思いですか。〔10点〕

Ⅰ
Ⅱ

4 よく出る ――線③「立てる」は掛詞ですが、どのような意味が重ねられていますか。二つ書きなさい。4点×2〔8点〕

5 ――線④「股引の……すゆる」は、何をしているところですか。〔8点〕

6 芭蕉の人生観を最もよく表している一文を文章中から抜き出し、初めの五字を書きなさい。〔5点〕

7 「草の戸も……」の俳句について答えなさい。

(1) この俳句の季語と季節を書きなさい。3点×2〔6点〕

季語
季節

(2) よく出る この俳句には、芭蕉のどのような気持ちが詠まれていますか。次から一つ選び、記号で答えなさい。〔8点〕

ア 自分の帰ってくる場所がなくなったことへの未練。
イ 庵を他人に譲ってしまい、旅先で死にたいという願望。
ウ 庵を捨て、これから長い旅へ出ることに対する不安。
エ 人の世の変わりやすさと時が移りゆくことへの感慨。

ア 夢のように美しくて　イ はかなく消え果て
ウ 曖昧になっていて　エ 短い時間で築かれて

2 よく出る ――線②「涙を落としはべりぬ」とありますが、芭蕉はなぜ涙を流したのですか。次から一つ選び、記号で答えなさい。〔8点〕

ア 城がなくなった跡に残された、自然の美しさに感動したから。
イ 愚かな戦いを繰り返す人間というものに、怒りを覚えたから。
ウ 変わらぬ自然と比べて、人の営みのはかなさが身にしみたから。
エ 功名心のために命を落とした人々がかわいそうだったから。

3 Aの俳句の「兵どもが夢の跡」とほぼ同じ内容を表している一文を文章中から抜き出し、初めの五字を書きなさい。〔5点〕

4 Bの俳句について答えなさい。

(1) 季語と季節を書きなさい。3点×2〔6点〕

季語
季節

(2) 曾良は「卯の花」から、何を連想したのですか。俳句の中の言葉を使って、五字で書きなさい。〔8点〕

5 Cの俳句で、芭蕉はどんなことが言いたかったのですか。次から一つ選び、記号で答えなさい。〔8点〕

ア 光堂は昔も今も全く変わらず、立派であること。
イ 光堂は昔の面影を残して、今も美しいこと。
ウ 光堂が荒廃して、時の流れを感じさせること。
エ 光堂が建て直されて、昔の姿を伝えていること。

漢字で書こう！ ①べっそう　②つくろ(う)　③せんめい
答えは右ページ➡

誰かの代わりに
漢字3 漢字のまとめ

教科書 p.165〜p.171／p.174〜p.175

要旨

◇「自分とは何か」という問いの答えは、他者との関わりの中で初めて得ることができる。だからこそ、「誰かの代わりに」という意識が常に求められるのだ。

5分間攻略ブック p.10

テストに出る！ ココが要点

現代社会の危うさ（教 p.166〜p.168）▼例題

- 「何にでもなれる社会」は、「何をしてきたか」「何ができるか」で人の価値を測る社会でもある。
- 人は無条件の肯定を求めるようになる。→受け身の存在になる。
- 受け身な存在でいては、人生で直面する問題を解決できない。

自立とは何か、責任とは何か（教 p.168〜p.170）▼予想問題

- 困ったときに支え合うことが「自立」であり、他人の訴えや呼びかけに応じ合うことが「責任」である。
- 他者と関わり合い、弱さを補い合うこと。→自分の存在の意味を感じながら生きることができる。

例題 現代社会の危うさ

①何にでもなれる社会。これを裏返していえば、その人の存在価値は、その人が人生において何を成し遂げたか、どんな価値を生み出したかで測られるようになる、ということでもあります。「何をしてきたか」「何ができるか」で人の価値を測る社会。そこでは、人は絶えず「あなたには何ができますか。」「あなたにしかできないことは何ですか。」と他から問われ、同時に、「私には、他の人にはないどんな能力や才能があるのだろう。」と自分自身にも問わなければならないことになります。「あなたの代わりはいくらでもいる。」「ここにいるのは、別にあなたでなくていい。」と言われることがないように、②**自分が代わりのきかない存在であることを、自分で証明しなければならない**のです。

こうした状況は、先ほどの「自分とは何か」という問いを、

1 よく出る ——線①とは、どのような社会ですか。

何をしてきたか、何ができるかで、その人の（　　　　）社会。

2 ——線②について答えなさい。

(1) 「自分で証明しなければならない」のはどのようなことですか。

他の人にはない［　　　　　］があること。

(2) ——線②のような状況では、私たちはどうなる可能性がありますか。選びなさい。

答えと解説

1 例（存在）価値を測る

直後の「これを裏返していえば」は、「これを別の角度から見ると」という意味。

2 (1)能力や才能 (2)イ

「何にでもなれる」今の社会では、自由である一方で、「他の人とは違う何者かにならねば」という苦しい思いがついて回る。**こうした状況では、「こんな私でも、ここにいていいのだろうか」と、自分の存在理由**

漢字を読もう！ ①慰労 ②措置 ③犠牲
←答えは左ページ

「こんな私でも、ここにいていいのだろうか。」という、なんとも切ない問いへと変えてしまうことがあります。

そのような問いに直面したとき、私たちは、その苦しい思いから、今のこの私をこのまま認めてほしいという、いわば無条件の肯定を求めるようになります。③**何かができなくても、このままの自分を肯定してほしい**と、痛いほど願うのです。自分の存在が誰からも必要とされていないこと、「おまえはいてもいなくても同じだ。」と言われることほどみじめなこと、怖いことはありません。だから、「できる・できない」の条件を一切付けないで自分の存在を認めてくれる人、「あなたはあなたのままでいい。」と言ってくれる人を求めるのは、自然の成り行きです。

でも、④**これはちょっと危ういことでもあります**。「あなたはあなたのままでいい。」と言ってくれる他者がいつも横にいてくれないと不安になるというように、自分の存在の意味や理由を、常に他人に与えてほしいと願う、そんな受け身の存在になってしまうからです。いつも他者に関心をもっていてほしい、その人が見ていてくれないと何もできない……そんな依存症に陥ってしまうことがあるからです。

このように受け身な存在でいては、人生で見舞われるさまざまな苦労や困難、社会で直面するさまざまな問題は、何も解決することができないでしょう。私たちには、⑤**それら**を引き受ける強さというものが必要なのです。

〔鷲田(わしだ)清一(きよかず)「誰かの代わりに」による〕

ア　自分のことばかり考えるようになる。
イ　自分が存在していいのか不安になる。
ウ　自分の進むべき道がわからなくなる。

（　　）

3 よく出る　——線③の思いは、何と言い換えられていますか。六字で抜き出しなさい。

□□□□□□

4　——線④は、なぜ「危うい」のですか。

・自分の存在の意味を、常に他人に与えてほしいと願う、（　　　）になるから。

・いつも他者の関心を必要としてしまう（　　　）に陥ることがあるから。

5　——線⑤が指すものを二つ選びなさい。

ア　常に他者から向けられる関心。
イ　人生で見舞われる苦労や困難。
ウ　社会で直面するさまざまな問題。
エ　受け身な存在から脱する解決策。

（　　）（　　）

を見いだせなくなることも起きるのだ。

3　無条件の肯定

✎**「何ができたら」などの条件をつけたりせず**、「今のこの私をこのまま認めてほしい」という願いである。

4　受け身の存在・依存症

✎「これ」とは、自分の存在を無条件に肯定してくれる人を求めること。このような人を求めすぎると、**その人無しでは生きていけなくなってしまう危険性がある。**

5　イ・ウ

✎直前の内容から、何を「引き受ける」のかを捉える。筆者は、**人生や社会で直面する苦労や困難や問題を自分から「引き受ける」強さが必要**だと述べている。

漢字で書こう！　①いろう　②そち　③ぎせい
答えは右ページ➡

テストに出る！

予想問題

1 次の文章を読んで、問題に答えなさい。

解答 p.8

30分

100点

「自立」は、「依存」を否定する「インディペンデンス」（独立）ではなく、むしろ、「依存」に「相互に」という意味の「インター」を付けた、「インターディペンデンス」（支え合い）として捉える必要があります。いざ病気や事故や災害などによって独力では生きていけなくなったときに、他人との支え合いのネットワークをいつでも使える用意ができているということ。それが、①「自立」の本当の意味なのです。困難を一人で抱え込まないでいられること、と言い換えることもできるでしょう。言うまでもありませんが、「支え合い」のネットワークであるからには、自分もまた時と事情に応じて、というか気持ちのうえではいつも、支える側に回る用意がないといけません。つまり、「誰かの代わりに」という意識です。

これがおそらくは、「責任を負う」ということの本来の意味でしょう。「責任」は、英語で②「リスポンシビリティ」といいます。「応える」という意味の「リスポンド」と、「能力」という意味の「アビリティ」から成る語で、「助けて」という他人の訴えや呼びかけに、きちんと応える用意があるという意味です。日本語で③「責任」というと、課せられるもの、押しつけられるものという受け身のイメージがつきまといますが、「責任」というのは、最後まで独りで負わねばならないものではありませんし、何か失敗したときにばかり問われるものでもありません。「責任」とはむしろ、訴えや呼びかけに応じ合うという、協同の感覚であるはずのものなのです。「君ができなかったら、誰か

---

1 (1) ——線①「『自立』の本当の意味」について答えなさい。

「『自立』の本当の意味」とは、どういうことですか。〔14点〕

ア 他者への依存を否定する「インディペンデンス」の精神をあくまで守るということ。

イ 病気や事故や災害に遭っても、独力で生きていけるよう努力を重ねるということ。

ウ 独力で生きられないとき、支え合いのネットワークを使える用意ができているということ。

エ 時と事情にかかわらず、自分はいつでも支える側であろうとするということ。

□

(2) 「『自立』の本当の意味」を十九字で言い換えている部分を文章中から抜き出し、初めと終わりの五字を書きなさい。〔14点〕

□□□□□〜□□□□□

2 よく出る ——線②「リスポンシビリティ」とは、どのような意味をもつ語を組み合わせた語ですか。〔15点〕

□

3 よく出る ——線③「責任」とはどのようなものであるはずだと、筆者は考えていますか。文章中から二十一字で抜き出し、初めと終わりの五字を書きなさい。〔15点〕

□□□□□〜□□□□□

漢字を読もう！ ①危うい ②糾弾 ③貪欲
←答えは左ページ

が代わりにやってくれるよ。」と言ってもらえるという安心感が底にあるような、社会の基本となるべき感覚です。

人には、そして人の集まりには、いろいろな苦労や困難があります。それらを避けたい、免除されたいという思いが働くのも無理はありません。けれども、免除されるということは、誰か他の人に、あるいは社会のある仕組みに、それとの格闘をお任せするということであって、そのことが、人を受け身で無力な存在にしてしまいます。

これに対して、私は、④「人生には超えてはならない、克服してはならない苦労がある。」と書いた一人の神学者の言葉を思い出します。苦労を苦労と思わなくなる、のではありません。苦労を苦労としてそのまま引き受けることの中にこそ、人として生きることの意味が埋もれていると考えるのです。苦労はしばしば、独りで背負い切れるほど小さなものではありません。人と支え合うこと、人と応じ合うことがどうしても必要になります。冒頭に挙げた、「自分とは何か」という自分が存在することの意味への問いについても、自分の中ばかりを見ていてはその答えを探し出すことはできません。その答えは、他の人たちとの関わりの中でこそ、具体的に浮かび上がってくるものだからです。

他の人たちと関わり合い、弱さを補い合うからこそ、人は倒れずにいられます。そして、自分が存在することの意味を感じながら生きることができます。⑤「誰かの代わりに」という思いが、余力のあるときに、というのではなく、常に求められるものであることの理由は、ここにあります。

〔鷲田（わしだ） 清一（きよかず）「誰かの代わりに」による〕

4 ――線④「人生には超えてはならない、克服してはならない苦労がある」とは、どういうことだと筆者は考えていますか。〔15点〕

ア 自分ではなく、他の人や社会の仕組みに苦労を負担してもらうことで、苦労から免除されるということ。

イ 自分一人で苦労と格闘していれば、そのうち苦労を苦労と思わなくなるということ。

ウ 苦労を苦労としてそのまま引き受けることの中にこそ、人として生きることの意味があるということ。

エ 苦労することの意味は、他の人たちとの関わりの中でこそ、具体的に浮かび上がってくるということ。

[　]

5 〈やや難〉 ――線⑤「『誰かの代わりに』……求められるものである」とありますが、「誰かの代わりに」という、支える側に回る用意が常に求められるのはなぜですか。[　]に当てはまる言葉を書きなさい。〔15点〕

人は、[　]によって、「自分とは何か」という、自分が存在することの意味を感じながら生きることができるから。

[　]

2 次の熟語の読みを、音と、熟字訓で書きなさい。3点×4〔12点〕

① 老舗　音[　]　熟字訓[　]

② 白髪　音[　]　熟字訓[　]

漢字で書こう！ ①あや（うい）　②きゅうだん　③どんよく
答えは右ページ➡

教科書 p.177／p.215～p.218

文法への扉2 「ない」の違いがわからない？

確認

◆文節と単語、自立語と付属語、活用の有無とその種類などを復習することで、品詞や、その働き・意味を見分けられるようにする。

5分間攻略ブック p.20

テストに出る！ ココが要点

●言葉の単位

・私と／兄は／道に／迷って／しまった。←文節で区切る

・私／と／兄／は／道／に／迷っ／て／しまっ／た。←単語で区切る

●文の組み立て

・私と兄は道に迷ってしまった。←主・述の関係

・私と兄は道に　迷ってしまった。←修飾・被修飾の関係

・私と兄は道に迷って　しまった。←補助の関係

・私と　兄は道に迷ってしまった。←並立の関係

●単語の分類

①活用する自立語…動詞・形容詞・形容動詞

②活用しない自立語…名詞・副詞・連体詞・接続詞・感動詞

③活用する付属語…助動詞

④活用しない付属語…助詞

●品詞や意味の見分け方に注意する語

①「ない」…形容詞と助動詞を識別する。

②「だ」…形容動詞の活用語尾と助動詞を識別する。

③「れる・られる」…受け身・可能・尊敬・自発を識別する。

例題

答えと解説

テストに出る！ 予想問題

解答 p.8　20分　100点

1 次の文の文節の数と単語の数を算用数字で答えなさい。 5点×2〔10点〕

日本の夏の平均気温は上がり続けている。

文節	
単語	

2 次の線の単語を分類し、記号で答えなさい。 完答6点×4〔24点〕

ア こんにちは、イ いよいよ今日 ウ は エ 遠足 オ です。カ この日が キ 楽しく ク そして ケ すてきな一日に コ なるといいですね。

活用する自立語	活用しない自立語
活用する付属語	**活用しない付属語**

3 よく出る ――線の動詞の活用の種類と活用形を書きなさい。 4点×6〔24点〕

① 時間を過ぎても、まだバスが来ない。

② サッカーをしたいのに、ボールがない。

③ カメレオンは、体の色が変わる動物だ。

	①	②	③
活用の種類			
活用形			

漢字を読もう！ ①挑戦 ②励ます ③爽やか

←答えは左ページ

1 ――線の文節どうしの関係を選びなさい。

① 君こそ 委員長に ふさわしい。（　　）
② 隣の 町まで 行って みよう。（　　）
③ 雨も 風も 激しさを 増す。（　　）
④ 涼しく 快い 風が 吹く。（　　）

ア 主・述の関係
イ 修飾・被修飾の関係
ウ 補助の関係
エ 並立の関係

2 ――線の中から品詞や意味の異なるものを一つだけ選びなさい。

①「ない」（　　）
ア クーラーを入れても涼しくならない。
イ クーラーを入れても涼しくない。
ウ 窓の外の景色は変わらない。

②「れる」（　　）
ア 幼い頃に両親に叱られる。
イ ノートに落書きされる。
ウ 小学生の頃が思い出される。

③「だ」（　　）
ア 試合に勝つ気分は最高だ。
イ ぼくの学校は山の上だ。
ウ 町中がお祭りでにぎやかだ。

---

1 ①ア　②ウ　③エ　④イ

①「が」「は」以外に「こそ」「も」「まで」などの助詞も主語をつくる。③「風も雨も」と入れ替えられる。④「涼しい風が吹く」と考えるとわかりやすい。

2 ①イ　②ウ　③イ

①**ア・ウは助動詞、イは補助形容詞。** ア・ウは「ぬ」と置き換えることができる。イは「涼しくはない」と「は」を入れられる。②**いずれも助動詞で、ア・イは受け身、ウは自発の意味。** ③**ア・ウは形容動詞の活用語尾、イは助動詞。**「最高な（気分）」「にぎやかな（町）」のように「な」と置き換えられれば形容動詞の一部。

---

4 ――線の品詞を後から一つずつ選び、記号で答えなさい。　4点×8〔32点〕

① 安らぎこそ、人が家に求めるものだ。
② 健やかな大人に育ってほしい。
③ あらゆる店に行ったが、やはりこの店がいちばんだ。
④ いきなり子猫が飛び出したので、びっくりした。
⑤ 細くまっすぐな小道が続いている。
⑥ では、さっそく仕事に取りかかりましょう。
⑦ ああ、今日もいい天気だ。
⑧ 勉強して、立派な大人になる。

ア 動詞　**イ** 形容詞
ウ 形容動詞　**エ** 名詞
オ 副詞　**カ** 連体詞
キ 接続詞　**ク** 感動詞

①	⑤
②	⑥
③	⑦
④	⑧

5 〈やや難〉 ――線と同じ働き・意味のものを、それぞれ後から一つずつ選び、記号で答えなさい。　5点×2〔10点〕

① 明日は晴れるそうだ。
ア おなかがすいたらかわいそうだ。
イ 疲れて今にも倒れそうだ。
ウ 先生は旅行に来ないそうだ。

② 今年の夏はアメリカに行く。
ア 赤ちゃんが寝たので静かにしてください。
イ オムライスにケチャップをかける。
ウ 家具の位置を仮に決める。

①
②

漢字で書こう！　①ちょうせん　②はげ（ます）　③さわ（やか）
答えは右ページ➡

教科書 p.178〜p.187

エルサルバドルの少女 へスース

要旨

◆厳しい生活の中でも、いつも笑顔だった少女へスース。その笑顔は、内戦の絶えない国で彼女が人生を精いっぱい生きてきたあかしだった。

5分間攻略ブック p.12

テストに出る！ ココが要点

内戦の国の少女の成長（教 p.182〜p.185）▶予想問題

● 筆者は内戦の続くエルサルバドルで三歳の少女へスースと出会い、彼女の結婚式までの約二十年間を追い続ける。

●「（避難民）キャンプは『人生の宝箱』のようなもの」と言うへスース
↓彼女の笑顔は、自分の人生を大切に生きてきたあかしだった。

テストに出る！ 予想問題

解答 p.9　30分　100点

次の文章を読んで、問題に答えなさい。

四年後の秋、私は二人の結婚式に招かれた。式が遅くなったのは、結婚費用がたまるまで時間がかかったからだ。①晴れの日の会場は、二人がローンで買った共同住宅の一角。一間だけの会場には、たくさんの友人や親類が集まった。純白のウエディングドレスを着たへスースは笑顔でいっぱいで、参列者からの祝福の言葉に、本当に幸せそうだ。

式が終わった翌日、私はこれから新しい生活を始める二人に、今まで聞いてみたかったことを質問することにした。②「どうしていつも笑顔だったの？」と切り出すと、へスースは「おじいちゃん、おばあちゃんが、さまざまな日雇いの仕事をして養ってくれた。キャンプの人にも本当に助けられた。だから、周りのみんな

1 ——線①「晴れの日」とは何の日ですか。〔10点〕

2 やや難 ——線②「どうしていつも笑顔だったの？」という質問に対し、へスースはどのように答えましたか。文章中の言葉を使って書きなさい。〔15点〕

3 ——線③「おばあちゃんの生き方」について答えなさい。

(1) 「おばあちゃんの生き方」とは、どのような生き方ですか。次から一つ選び、記号で答えなさい。〔10点〕

ア 自分の目的のためには、他人を悲しませても平気な生き方。
イ 困っている人を放っておけず、できるだけのことをする生き方。
ウ 強い意志をもって、自分の望みをかなえようとする生き方。
エ 家族の幸せを守るために、努力を惜しまない生き方。

(2) 「おばあちゃんの生き方」から学んだことを、へスースはどのように実践しましたか。文章中から五十四字で抜き出し、初めと終わりの五字を書きなさい。〔10点〕

漢字の読もう！ ①是正　②翻弄　③一張羅
←答えは左ページ

郵便はがき

おそれいりますが，切手をおはりください。

162-0814

東京都新宿区新小川町４－１
（株）文理

「中間・期末の攻略本」
アンケート 係

ご住所	〒 都道府県 市区郡 電話 ― ―			
お名前	フリガナ	男・女	学年	年
お買上げ日	年 月	学習塾に	□通っている	□通っていない

＊ご住所は町名・番地までお書きください。

✂はがきで送られる方はここを切り取ってください。

「中間・期末の攻略本」をお買い上げいただき，ありがとうございました。今後のよりよい本づくりのため，裏にありますアンケートにお答えください。

アンケートにご協力くださった方の中から，抽選で（年２回），**図書カード 1000 円分**をさしあげます。（当選者は，ご住所の都道府県名とお名前を文理ホームページ上で発表させていただきます。）なお，このアンケートで得た情報は，ほかのことには使用いたしません。

《はがきで送られる方》

① 左のはがきの下のらんに，お名前など必要事項をお書きください。
② 裏にあるアンケートの回答を，右にある回答記入らんにお書きください。
③ 点線にそってはがきを切り離し，お手数ですが，左上に切手をはって，ポストに投函してください。

《インターネットで送られる方》

① 文理のホームページにアクセスしてください。アドレスは，

https://portal.bunri.jp

② 右上のメニューから「おすすめ CONTENTS」の「中間・期末の攻略本」を選び，クリックすると読者アンケートのページが表示されます。回答を記入して送信してください。上の QR コードからもアクセスできます。

アンケート

●次のアンケートにお答えください。回答は右のらんのあてはまる□をぬってください。

[1] 今回お買い上げになった教科は何ですか。
① 国語 ② 社会 ③ 数学 ④ 理科 ⑤ 英語
⑥ 音楽 ⑦ 美術 ⑧ 保健体育 ⑨ 技術·家庭

[2] この本をお選びになったのはどなたですか。
① 自分(中学生) ② ご両親 ③ その他

[3] この本を選ばれた決め手は何ですか。(複数可)
① 教科書に合っているので。
② 内容・レベルがちょうどよいので。
③ 説明がくわしいので。
④ テスト対策に役立つので。
⑤ 以前に使用してよかったので。
⑥ 5分間攻略ブックと赤シートがついているので。
⑦ 英語リスニング問題がついているので。
⑧ 高校受験に備えて。 ⑨ その他

[4] どのような使い方をされていますか。(複数可)
① おもに授業の予習・復習に使用。
② おもに定期テスト前に使用。
③ おもに高校受験対策に使用。 ④ その他

[5] 内容はいかがでしたか。
① わかりやすい。 ② ややわかりにくい。
③ わかりにくい。 ④ その他

[6] 問題の量はいかがでしたか。
① ちょうどよい。 ② 多い。 ③ 少ない。

[7] 問題のレベルはいかがでしたか。
① ちょうどよい。 ② 難しい。 ③ やさしい。

[8] ページ数はいかがでしたか。
① ちょうどよい。 ② 多い。 ③ 少ない。

[9]「解答と解説」の「解説」はいかがでしたか。
① わかりやすい。 ② ふつう。
③ もっとくわしく。

[10] 付録の「5分間攻略ブック」はいかがでしたか。
① 役に立つ。 ② あまり役に立たない。
③ まだ使用していない。

[11] 付録の赤シートを本文の「ココが要点」でも使っていますか。
① 使っている。 ② 使っていない。
③ 使い方がわからない。

[12] 表紙デザインはいかがでしたか。
① よい。 ② ふつう。 ③ あまりよくない。

[13]「中間·期末の攻略本」に増やしてほしいものは何ですか。(複数可)
① 教科書の説明やまとめ
② 練習問題
③ 予想問題
④ その他

[14] 文理の問題集で，使用したことがあるものがあれば教えてください。
① 小学教科書ワーク ② 中学教科書ワーク
③ 中間・期末の攻略本 ④ その他

[15]「中間·期末の攻略本」について，ご感想やご意見·ご要望等がございましたら教えてください。

[16] この本のほかに，お使いになっている参考書や問題集がございましたら，教えてください。また，どんな点がよかったかも教えてください。

ご住所	〒 都道府県 市区郡 電話 − −		
お名前	フリガナ	男・女	学年 年
お買上げ日	年 月	学習塾に	□通っている □通っていない

＊ご住所は，町名，番地までお書きください。

アンケートの回答：記入らん

[1] □① □② □③ □④ □⑤
□⑥ □⑦ □⑧ □⑨
[2] □① □② □③( )
[3] □① □② □③ □④ □⑤ □⑥
□⑦ □⑧ □⑨( )
[4] □① □② □③ □④( )
[5] □① □② □③ □④( )
[6] □① □② □③
[7] □① □② □③
[8] □① □② □③
[9] □① □② □③
[10] □① □② □③
[11] □① □② □③
[12] □① □② □③
[13] □① □② □③
□④( )
[14] □① □② □③
□④( )
[15]

[16]

ご協力ありがとうございました。中間・期末の攻略本＊

がいい気持ちでいてくれるように、笑顔でいたかったの。」とほほえんだ。

「キャンプでの生活はつらかったよね？」と言うと、「大好きなチキンを食べられるのは年に一回、クリスマスのとき。やっと料理ができあがったときに、ドアを誰かがノックして、それが私たちより困っている人だとわかると、おばあちゃんが料理を全部あげてしまったことがあった。まだ幼かった私は、食べることが好きだったから、そんなときは③つらく感じたわ。」とヘスースは言った。でも、彼女はそんなおばあちゃんの生き方から学んだことも多かったようだ。キャンプで身寄りのない人が死んだとき、みんなからカンパを集め、黒塗りの立派なひつぎを購入して死者を送り出したのは、ヘスースだった。キャンプの人々は、そうやって助け合って生きてきたのだろう。

彼女は「友達の中には、スラムのようなキャンプで暮らしていることが恥ずかしいと思って、人に言えない子もいるけれど、私はここで育ったことに誇りをもっている。キャンプは、子ども時代の思い出がいっぱい詰まった『人生の宝箱』のようなものだから。」と続けた。私はその言葉に胸がいっぱいになった。ヘスースは、自分の人生をたった一つのかけがえのない大切なものとして生きてきた。④彼女の笑顔は、そのあかしでもあったのだ。

〔長倉(ながくら) 洋海(ひろみ)「エルサルバドルの少女 ヘスース」による〕

4 キャンプでの暮らしについて答えなさい。

(1) キャンプの人々はどのようにして生きてきましたか。文章中から十字で抜き出しなさい。〔15点〕

(2) よく出る ヘスースはキャンプでの暮らしを何にたとえていますか。文章中から五字で抜き出しなさい。〔10点〕

(3) ヘスースは、キャンプで育ったことをどう思っていますか。〔10点〕

5 よく出る ——線④「彼女の笑顔は、そのあかしでもあったのだ。」とありますが、ヘスースの笑顔はどのようなことのあかしだと筆者は考えていますか。〔20点〕

漢字で書こう！ ①ぜせい ②ほんろう ③いっちょうら
答えは右ページ➡

教科書 p.188〜p.190

紛争地の看護師

要旨

◇国境なき医師団の看護師である筆者のもとに、モスルへの出発要請が来た。医療に国境はないと思う筆者は、医療を求める人々が待つ戦地へと向かう。

5分間攻略ブック p.13

テストに出る！

ココが要点

戦地に医療を届ける（教 p.189〜p.190）▼予想問題

● 筆者は「国境なき医師団」の看護師で、戦地モスルへ向かう。

● 筆者の思い ｛医療に国境はない。戦時下で苦しむ人々を見過ごすことはできない。

テストに出る！

予想問題

解答 p.9

30分 ／100点

◇ 次の文章を読んで、問題に答えなさい。

車の中でぼそっと伝えた。

「私、モスルに出発する……。」

「え！　いつだ？　また行くのか！」①

そう反応し、その後も父は、

「あんな危ねぇところによぉ。」

「心配なんだよ、こっちはよぉ。」

と独り言のような説教をぼそぼそと繰り返し、こちらは助手席で居心地（いごこち）の悪い時を過ごした。窓の外を見ながら聞こえないふりを続け、ついには父も無言になった。②

張り詰めた空気から、動揺と不安が伝わってくる。娘を戦地に向かわせて平気な親などいるはずがない。そしてそんな親を見て、つくづく申し訳ないと思ってしまう。

らない場所で、医療を求めて（または医療が届かずに）泣いている人々の痛みや苦しみを見過ごすことは、やはり私にはできない。

〔白川（しらかわ）優子（ゆうこ）「紛争地の看護師」による〕

1 ――線①「え！　いつだ？　また行くのか！」とありますが、「父」がこのような反応をしたのはモスルがどのようなところだからですか。〔10点〕

2 ――線②「父も無言になった」について答えなさい。

(1) ここから、筆者は「父」のどのような心情を察しましたか。文章中から五字で抜き出しなさい。〔10点〕

(2) このとき筆者は、どのような決意でいましたか。「父」に対する思いも踏まえて書きなさい。〔15点〕

3 よく出る 筆者はどのような活動をしているのですか。次の文の□に当てはまる言葉を、文章中から抜き出しなさい。10点×2〔20点〕

漢字を読もう！　①承諾　②残酷　③慌ただしい

←答えは左ページ

それでも、私は向かわなければならない。

海の向こう側には、③私たちが目を覆い、耳を塞ぎたくなるような現実がある。国境なき医師団に参加し始めた二〇一〇年以来、戦争の被害によって命の危機にさらされている人々を、何度も目にしてきた。

戦地では、病院が破壊されていたり、被害者と医療をつなぐアクセスが断たれてしまったりしていることが多い。危険が大きい場所ほど、たった一人の医師、一人の看護師、一つの病院の存在価値が高い。

戦地で親を殺されて泣いている子供たち。足を失って絶望に打ちひしがれている青年たち。そして家族を養うすべを失った一家の大黒柱である、大の男たちが怒りを秘め、泣いている。

行けば自分も危険にさらされるかもしれない。活動中の生活環境は厳しく、戦時下での医療がスムーズに行えるとも限らない。

苦しんでいる人たちがたくさんいるのに医療すら自由に施せない戦争とは本当に残酷なものである。

「なにもあなたが行くことはない。」

「日本でだって救える命はある。」

では、誰が彼らの命を救うのだろう。

④彼らの悲しみと怒りに、誰が注目するのだろう。

医療に国境はない。私は本当にそう思っている。七歳の頃に「国境なき医師団」を初めて知ったときも、実際に活動を始めて八年が経過した今もその思いは変わらない。

国、国籍、人種を超えた、同じ人間としての思い。報道にもな

ⓐ［　　　　　　］の一員として戦地に赴き、戦争の被害で苦しんでいる人々にⓑ［　　］を施す活動。

4 やや難 ――線③「私たちが目を覆い、耳を塞ぎたくなるような現実」とは、どのような現実ですか。〔20点〕

［　　　　］

5 ――線④「彼らの悲しみと怒り」とありますが、これを具体的に示している部分を文章中から連続する三文で抜き出し、一文目の初めの五字を書きなさい。〔10点〕

［　　　　　］

6 よく出る 筆者は、どのような気持ちで活動に取り組んでいるのですか。次から一つ選び、記号で答えなさい。〔15点〕

ア 危険が大きい場所ほど医療の価値は高いので、日本で活動するよりも戦地で活動する方がやりがいを感じられるという思い。

イ 報道にもならない場所で、医療を求めて泣いている人々が大勢いるということを、多くの人々に知ってほしいという思い。

ウ 医療に国境はなく、医療を求めて苦しむ人がいるのであれば、国や国籍や人種を超えて助けに行くのは当然だという思い。

エ 同じ人間として人々の痛みや苦しみを少しでも減らせるように、多くの国々で医療を学び、自らの力を高めたいという思い。

［　］

漢字で書こう！ ①しょうだく ②ざんこく ③あわ(ただしい)
答えは右ページ➡

温かいスープ

要旨

◇第二次世界大戦後、日本人に厳しい目が向けられた時代に筆者がパリで受けた思いやりを紹介し、国際性とは隣人愛としての人類愛をもつことだと主張する。

テストに出る！
ココが要点

国際性とは（教 p.197～p.199）➤**予想問題**

●貧しい大学講師であった「私」は、パリでレストランを切り盛りする母親と娘から**さりげない親切**を受けた。→「私」が人類に絶望することはないだろう。

●国際性の基調になるのは、相手の立場を**思いやる**優しさ、お互いが**人類の仲間**であるという自覚である。

テストに出る！
予想問題

解答 p.10　30分　100点

次の文章を読んで、問題に答えなさい。

　若い非常勤講師の月給は安いから、月末になると外国人の私は金詰まりの状態になる。そこで月末の土曜の夜は、スープもサラダも肉類も取らず、「今日は食欲がない。」などとよけいなことを言ったうえで、いちばん値の張らないオムレツだけを注文して済ませた。それにはパンが一人分付いてくるのが習慣である。そういう注文が何回かあって気づいたのであろう、この若い外国生まれの学者は月末になると苦労しているのではなかろうか、と。

　ある晩、また「オムレツだけ。」と言ったとき、娘さんのほうが黙ってパンを二人分添えてくれた。パンは安いから二人分食べ、勘定のときパンも一人分しか要求されないので、「パンは二人分

れるような外国語の能力やきらびやかな学芸の才気や事業のスケールの大きさなのではない。それは、相手の立場を思いやる優しさ、お互いが人類の仲間であるという自覚なのである。その典型になるのが、名もない行きずりの外国人の私に、口ごもり恥じらいながら示してくれたあの人たちの⑤無償の愛である。求めるところのない隣人愛としての人類愛、これこそが国際性の基調である。そうであるとすれば、一人一人の平凡な日常の中で、⑥それは試されているのだ。

〔今道友信（いまみちとものぶ）「温かいスープ」による〕

1 ――線①「かすれた声で言って」とありますが、なぜ声がかすれたのですか。次から一つ選び、記号で答えなさい。〔15点〕

ア サービスされたことを他の客に知られたくなかったから。
イ お店の人に貧乏であると知られて恥ずかしかったから。
ウ 人に同情されるような自分の境遇が情けなかったから。
エ 娘さんの厚意に感激して、胸がいっぱいだったから。

□

2 ――線②「無理に明るい顔をしてオムレツだけを注文して」とありますが、なぜこのように振る舞ったのですか。次から一つ選び、記号で答えなさい。〔10点〕

ア 自分が貧しいことを、レストランの他の客に悟られないようにするため。
イ 自分がレストランの娘さんの親切を当てにしていることを、意識しないようにするため。

漢字を読もう！　①謙虚　②虐殺　③嘆く
←答えは左ページ

です。」と申し出たら、人さし指をそっと唇に当て、目で笑いながら首を振り、他の客にわからないようにして一人分しか受け取らなかった。私は何か心の温まる思いで、「ありがとう。」と、①かすれた声で言ってその店を出た。月末のオムレツの夜は、それ以後、いつも半額の二人前のパンがあった。

その後、何か月かたった二月の寒い季節、また貧しい夜がやって来た。花のパリというけれど、北緯五十度に位置するから、わりに寒い都で、九月半ばから暖房の入る所である。冬は底冷えがする。その夜は雹（ひょう）が降った。私は例によって②無理に明るい顔をしてオムレツだけを注文して、待つ間、本を読み始めた。店には二組の客があったが、それぞれ大きな温かそうな肉料理を食べていた。そのときである。背のやや曲がったお母さんのほうが、湯気の立つスープを持って私のテーブルに近寄り、震える手でそれを差し出しながら、小声で、③「お客様の注文を取り違えて、余ってしまいました。よろしかったら召しあがってくださいませんか。」と言い、優しい瞳でこちらを見ている。小さな店だから、今、お客の注文を間違えたのではないことぐらい、私にはよくわかる。

こうして、目の前に、どっしりしたオニオングラタンのスープが置かれた。寒くてひもじかった私に、それはどんなにありがたかったことか。涙がスープの中に落ちるのを気取られぬよう、一さじ一さじかむようにして味わった。フランスでもつらいめに遭ったことはあるが、この人たちのさりげない親切のゆえに、私がフランスを嫌いになることはないだろう。いや、そればかりではない、人類に絶望することはないと思う。

④国際性、国際性とやかましく言われているが、その基本は、流

ウ　貧しくてオムレツしか注文できないつらさを、努めて表情に出さないようにするため。

エ　一人きりでパリに暮らしている孤独さから目をそむけ、気分を盛り上げるため。

3 〈やや難〉 ――線③「お客様の注文を取り違えて、……召しあがってくださいませんか。」とありますが、「お母さん」はスープをサービスするのに、なぜこのような言い方をしたのですか。〔20点〕

4 〈よく出る〉 ――線④「国際性……大きさなのではない。」とありますが、筆者が考える国際性の基本を文章中から三十一字で抜き出し、初めと終わりの五字を書きなさい。〔20点〕

～

5 ――線⑤「無償の愛」とありますが、これはどの言葉を言い換えたものですか。この段落より前の文章中から七字で抜き出しなさい。〔15点〕

6 〈よく出る〉 ――線⑥「それは試されているのだ」とありますが、どのようなことが試されているのですか。次から一つ選び、記号で答えなさい。〔20点〕

ア　外国人相手に口ごもり恥じらいながらでも話せるかということ。

イ　国際性に必要な流れるような外国語の能力があるかということ。

ウ　国際性の基調となる人類愛をもっているかということ。

エ　名もない行きずりの外国人に親切にできるかということ。

漢字で書こう！　①けんきょ　②ぎゃくさつ　③なげ（く）
答えは右ページ➡

教科書 p.200～p.203

わたしを束ねないで

テストに出る！ココが要点

詩の表現技法

●各連の前半…拒む生き方を直喩で表現。例わたしを～ないで／～のように

●各連の後半…望む生き方を隠喩で表現。例わたしは稲穂

テストに出る！予想問題

次の詩を読んで、問題に答えなさい。

解答 p.10

30分

100点

わたしを束ねないで　　新川(しんかわ)和江(かずえ)

わたしを束ねないで
ⓐあらせいとうの花のように
白い葱(ねぎ)のように
束ねないでください　ⓑわたしは稲穂
秋　大地が胸を焦がす
見渡すかぎりの金色(こんじき)の稲穂

①わたしを止めないで
標本箱の昆虫のように
高原からきた絵葉書(えはがき)のように

主題

◇自分が拒む生き方と望む生き方を示し、自分らしく、力強く伸びやかに生きたい、という強い思いを歌っている。

5分間攻略ブック p.13

1 よく出る 〰〰線ⓐ・ⓑで用いられている表現技法をそれぞれ全て選び、記号で答えなさい。　完答6点×2〔12点〕

ア 直喩　**イ** 隠喩
ウ 擬人法　**エ** 体言止め

ⓐ	
ⓑ	

2 第一連から、Ⅰ…作者の拒む生き方、Ⅱ…作者の望む生き方をたとえている言葉を、それぞれ全て抜き出しなさい。　完答10点×2〔20点〕

Ⅰ	Ⅱ

3 ――線①「わたしを止めないで……絵葉書のように」について答えなさい。

(1) よく出る 「標本箱の昆虫」と「高原からきた絵葉書」は、どのようなイメージをもつものとして挙げられていますか。次から一つ選び、記号で答えなさい。　〔10点〕

ア 動きを止められて生命の輝きをもたないもの。
イ 豊かな思い出のこもったなつかしいもの。
ウ 小さくて親しみやすい愛らしいもの。
エ 他の規範となるような理想的なもの。

□

漢字を読もう！　①焦がす　②昆虫　③稲穂
←答えは左ページ

止めないでください　わたしは羽撃き
こやみなく空のひろさをかいさぐっている
目には見えないつばさの音

わたしを注がないで
日常性に薄められた牛乳のように
ぬるい酒のように
注がないでください　わたしは海
夜　とほうもなく満ちてくる
苦い潮　ふちのない水

②わたしを名付けないで
娘という名　妻という名
重々しい母という名でしつらえた座に
坐りきりにさせないでください　わたしは風
りんごの木と
泉のありかを知っている風

わたしを区切らないで
，や．いくつかの段落
そしておしまいに「さようなら」があったりする手紙のようには
こまめにけりをつけないでください　③わたしは終りのない文章
川と同じに
はてしなく流れていく　拡がっていく　一行の詩

(2) 「標本箱の昆虫」と「高原から来た絵葉書」と対比されている言葉を、詩の中から三字と五字で抜き出しなさい。8点×2〔16点〕

4 ——線②「わたしを名付けないで」とありますが、何という呼び名を付けないでほしいのですか。詩の中から三つ抜き出しなさい。4点×3〔12点〕

5 ——線③「わたしは終りのない文章……はてしなく流れていく拡がっていく　一行の詩」とありますが、ここから作者のどのような願いが読み取れますか。次から一つ選び、記号で答えなさい。〔10点〕

ア　過去の経験を分析して、よりよい未来を模索したい。
イ　未来へ向けて変わっていく私を、ありのままに見てほしい。
ウ　過去のことは忘れて、現在の私だけを評価してほしい。
エ　未来への不安はできるだけ考えずに生きていきたい。

6 〈やや難〉この詩の中で、作者はどのような存在でいたいと考えていますか。〔20点〕

漢字で書こう！　①こ(がす)　②こんちゅう　③いなほ
答えは右ページ➡

高瀬舟

教科書 p.246～p.258

主題

◇罪人でありながら「足ることを知っている」喜助に、護送の役人・庄兵衛は敬意にも似た思いを抱く。喜助の罪状からは、安楽死の是非も提起されている。

テストに出る！ ココが要点

喜助と庄兵衛の間の懸隔（教p.251～p.252）▶予想問題

● 庄兵衛…生活に困るのではないかという疑懼から逃れられない。

⇔大いなる懸隔　←驚異を覚え、仏を敬うような感じを抱く。

● 喜助…欲がなく、足ることを知り、現状に満足している。

人間の限りない欲望に対し、踏み止まって見せてくれる。

喜助の罪（教p.255～p.256）▶例題

● 庄兵衛の思い…喜助が行った、弟を苦から救うための人殺しを、罪とよべるか、という疑いが解けない。

↓お奉行様の判断に従うしかない、と考える。

↓その判断に対して、腑に落ちぬものが残る。

例題　喜助の罪

（自殺を図ったが死にきれず苦しむ弟に頼まれて、弟の首から剃刀を抜いたといういきさつを、喜助は庄兵衛に語った。）

喜助の話はよく条理が立っている。ほとんど①**条理が立ちすぎている**といってもいいくらいである。これは半年ほどの間、当時のことを幾度も思い浮かべてみたのと、役場で問われ、町奉行所で調べられるその度ごとに、注意に注意を加えてさらってみさせられたのとのためである。

庄兵衛はその場の様子を目のあたり見るような思いをして聞いていたが、これが果たして弟殺しというものだろうか、②**人殺しというものだろうかという疑い**が、話を半分聞いたときから起こってきて、聞いてしまっても、その疑いを解くことができなかった。弟は、剃

1 ――線①「条理が立ちすぎている」のはなぜですか。二つ選びなさい。

ア 喜助の話は全てうまい作り話だから。
イ 何度も同じ話をさせられてきたから。
ウ 自分の行動を何度も思い返したから。
エ 事件はついこの間起きたことだから。

（　　）（　　）

2 ――線②について答えなさい。

(1) よく出る 庄兵衛は、なぜこのような疑いをもったのですか。

喜助が弟の命を絶ったのは、弟を（　　　）ためだったから。

(2)

答えと解説

1 イ・ウ

「条理が立つ」は「筋道が通っている」という意味。直後に「これは……ためである。」と理由が示されている。**喜助は、当時の状況を詳細に語れるほどに、自分の行動を何度も思い返していた**のである。

2 (1) 例 苦から救う　(2) 安楽死

(1)庄兵衛は「(喜助は弟を)**苦から救ってやろうと思って命を絶った。それが罪であろうか。**」と考え込んでいる。

漢字を読もう！ ①催促　②痩せる　③慈悲
←答えは左ページ

刀を抜いてくれたら死なれるだろうから、抜いてくれと言った。それを抜いてやって死なせたのだ、殺したのだとは言われる。しかしそのままにしておいても、どうせ死ななくてはならぬ弟であったらしい。それが早く死にたいと言ったのは、苦しさに耐えなかったからである。喜助はその苦を見ているに忍びなかった。苦から救ってやろうと思って命を絶った。それが罪であろうか。殺したのは罪に相違ない。しかしそれが苦から救うためであったと思うと、そこに疑いが生じて、どうしても解けぬのである。

庄兵衛の心のうちには、いろいろに考えてみた末に、自分より上のものの判断に任すほかないという念、③**オオトリテエに従うほかないという念**が生じた。庄兵衛はお奉行様の判断を、そのまま自分の判断にしようと思ったのである。そうは思っても、庄兵衛は、まだどこやらに腑(ふ)に落ちぬものが残っているので、なんだかお奉行様にきいてみたくてならなかった。

④**次第にふけてゆくおぼろ夜に、沈黙の人二人を乗せた高瀬舟(たかせぶね)は、黒い水の面を滑っていった。**

〔森(もり)鷗外(おうがい)「高瀬舟(たかせぶね)」による〕

(2) 庄兵衛の心に疑いを生んだ殺し方（死に方）は、現代のどのような問題に通じていますか。漢字三字で書きなさい。

[ ][ ][ ]

3 ――線③について答えなさい。

(1) よく出る これは具体的にどのような考えですか。

（　　　　）

(2) (1)のように考えたとき、庄兵衛はどのような気持ちになりましたか。

まだどこか（　　　　）気持ち。

4 ――線④のときの、庄兵衛の心情を選びなさい。

ア 喜助を、不気味な存在だと感じている。
イ 喜助への関心が、すっかり消えている。
ウ 喜助に、同情以上の感情を抱いている。

（　　）

(2) 命が助かる見込みがない者の苦しみを除くための死を「**安楽死**」という。**この作品の大きなテーマの一つ**となっている。

3 (1) 例 お奉行様の判断を自分の判断にしようという考え。
(2) 例 腑に落ちぬ

(1)「自分より上のもの」=「オオトリテエ(権威)」である「**お奉行様**」の**判断に従おうと考えた**のだ。
(2) 庄兵衛の心には割り切れない気持ちが残り、お奉行様が喜助を有罪と判断した理由をききたいと思っている。**権威に対する疑問が生じた**ことを捉える。

4 ウ

「次第にふけてゆくおぼろ夜」「黒い水の面」という情景は、**喜助の行為を罪と断じることへの疑問を抱えた、庄兵衛の心情を象徴**している。

漢字で書こう！ ①さいそく ②や(せる) ③じひ
答えは右ページ➡

テストに出る！

予想問題

解答 p.11　30分　100点

◇ 次の文章を読んで、問題に答えなさい。

庄兵衛は今、喜助の話を聞いて、喜助の身の上を我が身の上に引き比べてみた。喜助は仕事をして給料を取っても、右から左へ人手に渡してなくしてしまうと言った。いかにも哀れな、気の毒な境界である。しかし一転して我が身の上を顧みれば、①彼と我との間に、果たしてどれほどの差があるか。自分も上からもらう扶持米を、右から左へ人手に渡して暮らしているにすぎぬではないか。彼と我との相違は、いわばそろばんの桁が違っているだけで、喜助のありがたがる二百文に相当する貯蓄だに、こっちはないのである。

さて桁を違えて考えてみれば、鳥目二百文をでも、喜助がそれを貯蓄とみて喜んでいるのに無理はない。その心持ちは、こっちから②察してやることができる。しかし、いかに桁を違えて考えてみても、不思議なのは喜助の欲のないこと、足ることを知っていることである。

喜助は世間で仕事を見つけるのに苦しんだ。それを見つけさえすれば、骨を惜しまずに働いて、ようよう口を糊することのできるだけで満足した。そこで牢に入ってからは、今まで得がたかった食が、ほとんど天から授けられるように、働かずに得られるのに驚いて、生まれてから知らぬ満足を覚えたのである。

庄兵衛はいかに桁を違えて考えてみても、ここに彼と我との間に、③大いなる懸隔のあることを知った。自分の扶持米で立ててゆ

1 ――線①「彼と我との間に、果たしてどれほどの差があるか」について答えなさい。

(1) 「彼」と「我」とは、それぞれ誰のことですか。　完答〔5点〕

彼…

我…

(2) 「彼」と「我」の身の上に、どれほどの差があると考えたのですか。次から一つ選び、記号で答えなさい。〔10点〕

ア　桁が違うほどの、大きな差がある。

イ　桁が違うほどの、大きな差はない。

ウ　桁は違わないが、大きな差がある。

エ　桁が違うだけで、大きな差はない。

2 ――線②「察してやることができる」について答えなさい。

(1) 庄兵衛は、喜助のどのような気持ちを「察してやることができる」のですか。〔15点〕

(2) よく出る　(1)の一方で、庄兵衛は、喜助のどのようなところを不思議に思っているのですか。〔15点〕

3 ――線③「大いなる懸隔」とは、どのようなものですか。次から一つ選び、記号で答えなさい。〔10点〕

漢字を読もう！　①緩める　②凍える　③輪郭

←答えは左ページ

く暮らしは、おりおり足らぬことがあるにしても、たいてい出納が合っている。手いっぱいの生活である。しかるに、そこに満足を覚えたことはほとんどない。常は幸いとも不幸とも感ぜずに過ごしている。しかし心の奥には、こうして暮らしていて、ふいとお役が御免になったらどうしよう、大病にでもなったらどうしようという疑懼(ぎく)が潜んでいて、おりおり妻が里方から金を取り出してきて穴埋めをしたことなどがわかると、④この疑懼が意識の閾(しきい)の上に頭をもたげてくるのである。

いったいこの懸隔はどうして生じてくるだろう。ただうわべだけを見て、それは喜助には身に係累がないのに、こっちにはあるからだといってしまえばそれまでである。しかしそれはうそである。よしや自分が独り者であったとしても、どうも⑤喜助のような心持ちにはなられそうにない。この根底はもっと深いところにあるようだと、庄兵衛は思った。

庄兵衛はただ漠然と、人の一生というようなことを思ってみた。⑥人は身に病があると、この病がなかったらと思う。その日その日の食がないと、食ってゆかれたらと思う。万一のときに備える蓄えがないと、少しでも蓄えがあったらと思う。蓄えがあっても、また、その蓄えがもっと多かったらと思う。かくのごとくに先から先へと考えてみれば、人はどこまで行って踏み止まることができるものやらわからない。それを今、目の前で踏み止まって見せてくれるのがこの喜助だと、庄兵衛は気がついた。

庄兵衛は、今さらのように驚異の目をみはって喜助を見た。このとき⑦庄兵衛は、空を仰いでいる喜助の頭から毫光(ごうこう)が差すように思った。

〔森鷗外(もりおうがい)「高瀬舟(たかせぶね)」による〕

ア　身分や収入の差。
イ　係累や職業の有無。
ウ　現状に対する受け止め方の違い。
エ　持って生まれた能力の違い。

4　――線④「この疑懼」とは、どのような感情ですか。次から一つ選び、記号で答えなさい。〔10点〕

ア　やりくりのできない妻へのいら立ち。
イ　生活に困るのではないかという不安。
ウ　貧しい暮らししかできない恥ずかしさ。
エ　不幸な人生を送っているという確信。

5 よく出る　――線⑤「喜助のような心持ち」とは、どのようなものですか。□に当てはまる言葉を、文章中から抜き出しなさい。〔10点〕

現状に□□している心持ち。

6 やや難　――線⑥「人は身に……多かったらと思う。」とありますが、これらはどのようなことを表していますか。考えて書きなさい。〔15点〕

7　――線⑦「庄兵衛は……差すように思った」とありますが、ここから庄兵衛のどのような気持ちが読み取れますか。□に当てはまる言葉を、漢字一字で考えて書きなさい。〔10点〕

喜助が□のように思われ、感動する気持ち。

漢字で書こう！　①ゆる(める)　②ここ(える)　③りんかく
答えは右ページ➡

二つの悲しみ

主題

◇復員事務に就いていた筆者は、戦争で息子を失った紳士や、父を失った少女が悲しみをこらえる姿を見た。戦争は、彼らから悲しみ以上の大きな何かを奪ったのだ。

テストに出る！

ココが要点

悲しみをこらえる少女（教 p.260〜p.262）▶予想問題

- 父の戦死を知った少女は、悲しみをこらえ、涙を流さない。
- 「あたしは、泣いてはいけないんだって。」
- 戦争が少女から奪ったもの……父と、父の死を悲しむこと。

テストに出る！

予想問題

解答 p.11

30分

100点

次の文章を読んで、問題に答えなさい。

私は帳簿をめくって、氏名のところを見ると、フィリピン諸島の一つ、ルソン島のバギオで戦死になっていた。

「あなたのお父さんは……。」

と言いかけて、私は少女の顔を見た。

①痩せた真っ黒な顔、伸びたおかっぱの下に切れの長い目をいっぱいに開いて、私の唇を見つめていた。

私は少女に答えねばならぬ。答えねばならぬと体の中に走る戦慄（せんりつ）を精いっぱい抑えて、どんな声で答えたかわからない。

「あなたのお父さんは、戦死しておられるのです。」

と言って、声が続かなくなった。

瞬間、少女は、いっぱいに開いた目をさらにぱっと開き、そして、ワッと、べそをかきそうになった。

と、改めて、自分に言い聞かせるように、こっくりと、私にうなずいてみせた。

私は、体中が熱くなってしまった。

帰る途中で、私に話した。

「あたし、妹が二人いるのよ。お母さんも、死んだの。だから、あたしが、しっかりしなくては、ならないんだって。あたしは、④泣いてはいけないんだって。」

小さい手を引く私の頭の中を、その言葉だけが何度も何度もぐるぐる回っていた。

〔杉山（すぎやま）龍丸（たつまる）「二つの悲しみ」による〕

1 ――線①「痩せた……見つめていた。」とありますが、ここから、少女についてどのようなことが読み取れますか。次から二つ選び、記号で答えなさい。 10点×2〔20点〕

ア 優しく穏やかな性格であること。

イ 日々苦しい生活をしていること。

ウ フィリピンで暮らしていたこと。

エ 父は必ず生きていると信じていること。

オ 筆者の言葉を聞き逃すまいとしていること。

□ □

2 やや難 ――線②「じょうきょう」とありますが、平仮名表記にすることによって、読者にどのようなことを伝えようとしているのですか。考えて書きなさい。 〔20点〕

漢字の読もう！ ①壁板 ②踊り場 ③紳士

←答えは左ページ

涙が目いっぱいにあふれそうになるのを必死にこらえていた。それを見ているうちに、私の目に涙があふれて、ほほを伝わり始めた。

私のほうが声を上げて泣きたくなった。しかし、少女は、

「あたし、おじいちゃまから言われて来たの。お父ちゃまが、戦死していたら、係のおじちゃまに、お父ちゃまの戦死した所と、戦死した、②じょうきょう、じょうきょうですね、それを、書いてもらっておいで、と言われたの。」

私は黙ってうなずいて、紙を出して書こうとして、うつむいた瞬間、紙の上にぽた、ぽた、涙が落ちて、書けなくなった。

少女が、不思議そうに、私の顔を見つめていたのに困った。

やっと書き終わって、封筒に入れ、少女に渡すと、小さい手でポケットに大切にしまい込んで、腕で押さえて、うなだれた。

③涙一滴、落とさず、ひと声も声を上げなかった。

肩に手をやって、何か言おうと思い、顔をのぞき込むと、下唇を血が出るようにかみしめて、かっと目を開いて肩で息をしていた。

私は、声をのんで、しばらくして、

「お一人で、帰れるの。」

ときいた。

少女は、私の顔を見つめて、

「あたし、おじいちゃまに、言われたの、泣いては、いけないって。おじいちゃまから、おばあちゃまから電車賃をもらって、電車を教えてもらったの。だから、行けるね、と何度も、何度も、言われたの。」

3 ――線③「涙一滴、落とさず、ひと声も声を上げなかった。」について答えなさい。

(1) 少女が、泣くまいと必死にこらえている様子を表している部分を、文章中から三十二字で抜き出し、初めと終わりの五字を書きなさい。〔20点〕

(2) よく出る 少女が、泣くのをこらえたのはなぜですか。簡潔に書きなさい。〔20点〕

4 ――線④「小さい手を引く……ぐるぐる回っていた。」とありますが、このとき筆者は、どのような心情だったと考えられますか。次から一つ選び、記号で答えなさい。〔20点〕

ア 悲しみを抑える少女があまりに痛々しく、少女から父の死を悲しむことまで奪った戦争というものへの思いがこみ上げている。

イ 父の死を知っても気丈に涙を落とさない少女に頼もしさを感じ、これからも強くたくましく生きていってほしいと願っている。

ウ 我慢を強いられ泣くことも許されない少女の姿を見て、少女のおじいさんやおばあさんへの怒りがこみ上げている。

エ 涙をこらえる少女の前で泣いてしまった自分を恥ずかしく思い、今後は遺族の前では決して泣くまいと決意している。

漢字で書こう！ ①かべいた ②おど(り)ば ③しんし
答えは右ページ➡

アラスカとの出会い

教科書 p.263～p.268

主題

◇一冊の写真集との出会いが、筆者のその後の人生を大きく変えた。人と人とが出会うことは、かぎりない不思議さに満ちているのだ。

テストに出る！ ココが要点

人と人とが出会う不思議さ（教 p.268）▶予想問題

●人生を変えた写真集との出会い→擦れ違うほとんどの人と出会うことがない悲しみは、人と人が出会う不思議さに通じている。

テストに出る！ 予想問題

解答 p.12　15分　100点

◇ 次の文章を読んで、問題に答えなさい。

　しばらくカリブーの話をした後、①僕は古い写真集を取り出し、これまでのいきさつを彼に話し始めていた。ジョージはじっと僕を見つめながら、耳を傾けてくれた。それがうれしかった。

「そうか……。私の写真が君の人生を変えてしまったんだね……。」

「いや、そういうわけではないんですが……。大きなきっかけとなりました。」

「で、後悔しているかい。」

　初老に入ろうとするジョージの目の奥が、優しく笑っていた。

　②人生はからくりに満ちている。日々の暮らしの中で、無数の人々と擦れ違いながら、私たちは出会うことがない。③その根源的な悲しみは、言い換えれば、人と人とが出会うかぎりない不思議さに通じている。

〔星野道夫「アラスカとの出会い」による〕

1 やや難 ――線①「僕は……話し始めていた」とありますが、写真集にまつわる「いきさつ」とは、どんなことですか。二人の会話文から考えて書きなさい。〔30点〕

2 よく出る ――線②「人生はからくりに満ちている。」とありますが、この言葉に込められた筆者の考えを次から一つ選び、記号で答えなさい。〔30点〕

ア　人生は、偶然の出会いが結びついて形作られていくという考え。
イ　人生は、その時々の社会状況によって変化し続けるという考え。
ウ　人生は、個人の努力よりも運によって左右されるという考え。
エ　人生は、不思議な力によってあらかじめ決定されているという考え。

3 ――線③「その根源的な……通じている。」とありますが、「根源的な悲しみ」とは、どういうことですか。〔40点〕

中間・期末の攻略本

解答と解説

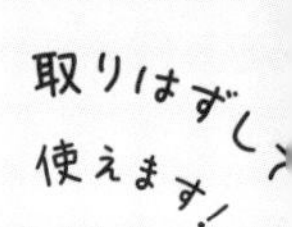

光村図書版　国語3年

p.2～p.3 世界はうつくしいと

◇

1	2 (1)	2 (2)	3	4 (1)	4 (2)	5	6	7
口語自由詩	ア	例うつくしいと（いうことばを）言わなくなったから。	例人間の営みの中にあるという点。	ニュースと	ア	塵にかえる	言おう	ウ

解説

◇

3 前では自然を挙げていたのに対して、——線②では人間の暮らしの中にあるものを挙げている。さまざまな場面にうつくしさがあるのだ。

4 「ニュースとよばれる日々の破片」はわたしたちの歴史ではない⟷「あざやかな毎日」こそがわたしたちの価値である、と対比させている。

5 「シュロの枝」は灰となり、やがて塵(ちり)にかえる。永遠ではないからこそ、今のうつくしさを言葉にしようと呼びかけているのである。

6 「人々はうつくしいと言わなくなった」→「うつくしいものをうつくしいと言おう」→「世界はうつくしいと言おう」という流れを捉える。

7 世界のうつくしさに目を向ける必要性を訴えている。

最終チェック

「うつくしい」と平仮名(がな)で表記されている効果は？

自然の美しさ、人間の営みの美しさ、季節や時間の経過の美しさなど、一般的な美しさ以上の幅広い意味の美しさを感じさせる。

p.6～p.7 握手

◇

1	2	3	4	5	6	7 (1)	7 (2)
高校二年の	（「）おまえは悪い子だ。（」）	ア	例ルロイ修道士が、一月間、口をきいてくれなかったこと。	エ	遺言	例病人の手でも握るような、穏やかな握手。	例ルロイ修道士が病人で、この世のいとまごいに訪ねてきたのではないか（という疑問）。

解説

◇

1 「無断で天使園を抜け出して東京へ行ってしまった」ことを説明している一文を探す。

5 ルロイ修道士は「おまえは悪い子だ。」と指言葉で示しながらも顔は笑っている。少年時代の「わたし」との出来事をなつかしんでいるのだ。

6 「この言葉を思い出してください」「ルロイのこの言葉を忘れないでください」と繰り返す様子に、「わたし」は忠告以上のものを感じている。

7 ルロイ修道士のしぐさをめぐる思い出は、作品中で大きな意味をもっている。「わたし」は思い出と違う穏やかな握手から、ルロイ修道士の体調を推し量ったのだ。

最終チェック

ルロイ修道士の手やしぐさから人柄を読み取る！

・「わたし」が天使園に収容されたときの握手…万力(まんりき)よりも強く、腕を勢いよく上下させる→「わたし」を励まし歓迎する気持ち。

・かつてのルロイ修道士のてのひら…いつも汚れていて固く、擦り合わせるとギチギチと鳴った。→子供たちの食料を作ることに精を出していた。

p.8～p.9 学びて時に之（これ）を習ふ——「論語」から／漢字1

1

1	エ
2	例なんとうれしいことではないか。
3	朋遠方より来たる有り
4	例世の中の人が認めてくれなくても、不平や不満を抱かない人。
5 (1)	温メテ(レ)故キヲ而知レバ(レ)新シキヲ
5 (2)	例過去の事柄や学説などを重ねて研究し、新しい意義が発見できるようになれば

2

① エ	② ア	③ オ	④ ウ
⑤ オ	⑥ イ	⑦ エ	⑧ イ

最終チェック

漢文特有の漢字の使い方に注意！

・而・矣…読まない「置き字」。

・乎（や）…疑問・反語を表す。

・不（ず）…打ち消しを表す。必ず下から返って読む。

解説

1

1 「時に」は、「機会があるたびに」の意。機会を捉えて復習することで、学んだことを身につけられるというのである。

2 「説（よろこ）ばしからずや」とは、「どうしてうれしくないことがあろうか、いやうれしいことだ」という反語表現。

3 書き下し文では、訓読文の助詞・助動詞を平仮名にする。ここでは「自」を「よ（り）」と読むので注意。

4 「亦（また）君子ならずや」は、「どうして君子でないことがあろうか、いや君子に違いない」の意味。「不亦……乎」の反語表現が三回用いられている。

5 (1)一字上に返るときは、レ点を使う。(2)ここから「温故知新」という四字熟語ができた。

2 ①きっ＋て　②カク＋ダイ　③かぜ（熟字訓）　④けし＋イン　⑤たち（熟字訓）　⑥ヤク＋ば　⑦め＋ぐすり　⑧ミ＋かた

p.12～p.13 作られた「物語」を超えて

◇

1 (1)	例ドラミングが戦いの宣言だという誤解。
1 (2)	例ある印象を基に「物語」を作り、それを仲間に伝えたがる性質。
2	ア
3 ⓐ	独り歩き
3 ⓑ	敵対意識
4	例相手を悪として自分たちに都合よく作りあげた「物語」。
5	その誤解を
6	ウ

最終チェック

筆者の主張を押さえる！

・作られた「物語」を超え、真実を知るためには、「相手の文化や社会をよく理解すること」「これまでの常識を疑ってみること」「相手の立場に立って考えてみること」が必要となる。

解説

◇

1 (1)最後の段落に「ドラミングが戦いの宣言だという『物語』の誤解」とある。ゴリラは凶暴な動物だという「物語」が作られ、広まってしまった。

2 「物語」を仲間に伝えたくなるのは、言葉の力ではなく人間の性質である。

3 人間の社会での「悲劇」について、——線③の直後から説明している。

4 相手を悪として自分たちに都合のよい「物語」を作りあげ、世代間で継承し続けるため、争いはなかなか終わらないのだと筆者は考えている。

5 直後の「その誤解を解くためには……」に着目する。

6 最後の二段落に、筆者の主張がまとめて書かれている。

p.14〜p.15 文法への扉1

問題	番号	解答
1	①	例 僕の家では、玄関の前に真っ赤な花を飾っている。
	②	例 将来の夢は、サッカー選手になることです。
	③	例 雪が降ったので、外出できなかった。そこで、家でこたつに入っていたら、居眠りしてしまった。
2	①	妹は、兄と姉にピアノを習っている。
	②	例 母が植えたひまわりの苗が先月大輪の花を咲かせた。
3	①	エ
	②	ア
	③	ウ
	④	イ
4	①	A イ　B ア　C ウ
	②	A イ　B ウ　C ア

解説

1 ①②係り受けに注目する。③「〜から〜たら」と文が続くので、句点で文を切る。

2 ①「妹」だけが主語になるように、「妹は」の下に読点を入れる。②「先月」が「大輪の花を咲かせた」だけにかかるように、「先月」を「大輪の花を咲かせた」の直前に置く。

3 ①「どうぞ」②「まさか」③「決して」④「どうして」は、いずれも呼応の副詞。

4 ①C「ケーキは食べたくない（でも、パンなら食べてもいい）」のように考えるとわかりやすい。②同じ「十分」でも、「十分だけ」と「十分も」では全く印象が異なることに注意。

最終チェック

意味のまとまりを明確にするには

・言葉の順序や読点の位置、呼応の副詞に注意する。
・一つの助詞の違いで、全く印象が変わることがある。

p.18〜p.19 俳句の可能性／俳句を味わう／言葉1

問題	番号	解答
1	1	例 重い病気で寝ていて、どのくらい雪が積もったのか確かめることができない状況。
	2	ウ
	3	Ⅰ 一瞬　Ⅱ 冬
	4	季語 たんぽぽ　季節 春
	5	分け入つても(分け入つても)
2	1	A けり　B や
	2	●C・D・F
	3	●A　●B
	4	(1) 自由律　(2) 例 孤独でわびしい心情。
	5	① D　② E　③ B　④ C　⑤ A
3		① A　② B　③ D　④ C

（●は順不同）

解説

1 **1** 鑑賞文から作者の状況を捉える。重い病気で寝ている作者は、外の様子を自分で確かめに行くことができないのだ。

2 「定型」という制約の中では言い尽くせない感動を、「切れ字」で表しているのである。

2 **2** 体言止めとは、体言（名詞）で句を終えること。

3 Aは「赤い椿（つばき）」と「白い椿」、Bは「萬緑（ばんりょく）」と「吾子（あこ）の歯（白）」が鮮やかに対比されている。

4 (2)咳（せき）をしても誰も声をかけてくれる者はいない、孤独と静寂が感じられる句である。

3 ①「来（く）る」は訓読みなので和語。②音読みするので漢語。③IT（外来語）＋革命（漢語）の混種語。④片仮名の言葉は基本的に外来語。

最終チェック

2 それぞれの句の季語と季節を確かめよう！

A椿（つばき）…春、B萬緑（ばんりょく）…夏、C飛び込み…夏、D露…秋、E冬菊…冬、F…季語なし

p.20～p.21 「私の一冊」を探しにいこう／羊と鋼の森

1	2	3	4	5	6
大きな黒い羽	(1) 音 (2) イ	ピアノの音～わっていく	例答えを聞いて納得できれば、答えを探し続ける必要はなかったから。	ア	例ピアノの内部から生まれる音が肌に触れる感触を知った

解説

2 (1)「鍵盤をたたいた」ことから考える。(2)「僕はそこに行こうとして、やめる」とある。調律の世界の奥深さを直感し、踏みとどまったのだ。

3 最終段落に着目。調律師である「その人」は、さまざまな道具を使ってピアノの内部を調整し、その音を少しずつ整えていったとわかる。

4 やがて「僕」は、このときの答えを求めて調律師となる。そして今も、その答えを探し続けているのである。

5 「僕」の中には、「渦を巻く」ほどの言葉にならない質問が生まれている。最初はためらっていたものの、いつの間にか調律の世界に強くひかれていることを捉える。

6 直後の「少なくとも……初めてだった」の二文に着目。二つ目の文をまとめる。

最終チェック

小説の題名の意味は？

「羊」…弦をたたくハンマー。羊の毛でできている。

「鋼」…ピアノの弦。

「森」…ピアノ本体。木でできている。

ピアノの中には弦とハンマーが並んでいて、鍵盤をたたくとハンマーが上がって弦を打ち、音が出る。

p.22～p.23 挨拶――原爆の写真によせて

1	2 (1) ⓐ	2 (1) ⓑ	2 (2)	2 (2)	3	4	5	6	7
一九四五年八月六日午前八時一五分	例（広島の）原爆	例なくなった	●すこやかな今日の顔	●すがすがしい朝の顔	エ	イ	ウ	例原爆が落とされる危険性は常にあるという意味。	例平和な日々を当たり前だと思わず、守る努力をしなければならない。

（●は順不同）

解説

2 (1)直後の三行と、「すでに此の世にないもの」という表現から考える。(2)これらの顔は、「友（あなた）」と「私」の顔。第三連は現在の私たちの状況を表し、第一連と対比させている。

4 広島の原爆を過去のことだと思って平和に暮らす「いま在る」私たちに、呼びかけている。

5 次の連に着目。「生と死のきわどい淵を歩くとき」は、いつ原爆が使われるかもわからない危険な状況を表している。

6 原爆が落とされた時刻は毎朝くることから考える。

7 「油断していた」とは、原爆が落とされ、自分が死ぬことになるとは全く予想していなかった、という意味。作者は平和の危うさと大切さを訴えている。

最終チェック

表現技法に着目する！

・すこやかな今日の顔／すがすがしい朝の顔を →対句

・地球が原爆を数百個所持して／生と死のきわどい淵を歩くとき →擬人法

p.26〜p.27 故郷

◇

1			2	3		4	5	6	
(1)	(2)	(3)		I	II				
●艶のいい丸顔 ●血色のいい、丸々した手	兄弟の仲	イ	エ	例「私」と久しぶりに会えたこと。	例身分の違いから、「私」と昔のようには親しくできないこと。	ウ	例身分や境遇の違い	うやうやしい態度	他人行儀

（●は順不同）

解説

◇ **1** (3)ルントウの顔や手には厳しい労働のあとがうかがえる。また、身なりからは苦しい生活ぶりがわかる。

2 ルントウの変わりように長い時間の隔たりを実感し、子供の頃と同じようには話せなかったのである。

3 「寂しさ」は、「私」を「旦那様」と呼んだことや、その後の他人行儀な態度から考える。

4 「らしかった」とあるように、自分が身震いしたと自覚できないほど衝撃を受けたのだ。

5 ルントウが、昔は「シュンちゃん」と呼んでいた「私」を「旦那様」と呼んだのは、身分の差を意識したからである。

最終チェック

ルントウの変化から、「私」が失望した思いを読み取る！

昔
- 兄弟のような仲の良さ
- 心は神秘の宝庫
- 自然の中での生き生きとした暮らしぶり

今
- 他人行儀でうやうやしい態度
- 打ちひしがれて心が麻痺(ひ)している
- 言い表しようのない苦しみ
- でくのぼうみたいな人間

p.28〜p.29 言葉2／漢字2

1	2		3			4			5	
①ウ	①三度	③腹	①イ	④カ		①エ	④ア		①否	③現
②イ	②地	④友	②ウ	⑤ア		②イ	⑤オ		②降	④然
③ア			③エ	⑥オ		③ウ				
④エ										

解説

1 ①むだ話などをして怠ける。②以前の争いをなかったことにする。③気楽に付き合える。④どうしようもなく好きである。

2 ①物事は、何度も繰り返して起こるものだということ。②もめごとが解決した後は、かえってよい状態になること。③目先の大事のためには犠牲(ぎせい)もやむを得ないこと。④似た者や気の合う者同士が自然に集まること。

4 いずれも、近年使われるようになった新しい語。時事用語として覚えておこう。

5 ②は「上⇕下」、「昇⇕降」と、それぞれの漢字が対の意味になっている。

最終チェック

誤った意味で使いやすいことわざに注意！
- 情けは人のためならず…人に親切にすると、自分にも良いことが返ってくるものだ。
- かわいい子には旅をさせよ…子どもを大切に思うなら、手もとで甘やかすよりも社会に出して苦労させるほうがよい。

p.32〜p.33 人工知能との未来／人間と人工知能と創造性

◇

1 (1)	1 (2)	2	3	4	5	6
● 例思考の過程がブラックボックスになっていること。 ● 例恐怖心がないこと。	ウ	常に絶対的に正しい	例人工知能の判断を参考	例人工知能が浸透する社会の到来は避けられないから。	人工知能か〜とする発想	イ

（●は順不同）

最終チェック

人工知能に対するそれぞれの考えを捉える！

・人工知能に対する立場
　羽生氏…容認　松原氏…肯定
・これからの時代に必要な力
　羽生氏…人工知能が出す解への対応を決める判断力。
　松原氏…人工知能が作る候補を評価する判断力。

解説

◇ **1** 続く二つの段落で「一つは」「もう一つ」と、二つの違和感を挙げている。各段落の最後で、現在の棋士と同様に、今後の社会でも多くの人が人工知能に不安を抱くだろうと述べている。

2 直後に指示内容がある。

3 人工知能の出す判断は、人間には受け入れがたかったり、正しくなかったりする。したがって、その判断をどこまで受け入れるのかは、人間自身が考えて決める必要がある。

5 筆者は、人工知能に不安を覚えつつも、使いようによっては人間の新たな可能性を切りひらくきっかけとなりうると考えている。

6 「自分で思考し、判断していく必要がある」「人工知能に全ての判断を委ねるのではなく」とある。あくまでも人間が最終判断するという前提のうえで、「うまく活用」するのがよいという考えを読み取る。

p.34〜p.35 初恋

◇

1	2	3	4 (1)	4 (2)	5	6 (1)	6 (2)	7
文語定型詩	七五	ウ	薄紅の秋の実	君	エ	君	エ	イ

最終チェック

文語の意味を確認！

・「〜初め（そ）し」…〜し始めた。
・「こころなきためいき」…思わずもらしてしまったため息。
・「君が情（なさけ）」…君の愛情。

解説

◇ **1・2** 文語を用い、各連が四行・七五調のリズムで書かれている。

3 前髪を上げ、年頃の娘らしい結い髪にしたばかりの少女である。

4 (2) 「やさしく白き手」は、「君」の手である。

5 「われ」のため息が「君」の髪にかかるほど近くにいることや、「たのしき恋の盃（さかずき）」という言葉から、二人の距離の近さがわかる。

6 詩に登場するのは「われ」と「君」の二人。二人が通ううち、林檎畠（りんごばたけ）の樹（こ）の下には自然に細い道ができた。「君」は「われ」に、この細道は誰が踏み固めてできたのでしょうと、いたずらっぽく問いかけているのだ。

7 「花ある君」と思った出会いから、二人の恋が成就（じょうじゅ）し、恋心が高まっていくまでが、七五調のリズムで歌われている。

1

1	例天の香具山に真っ白な衣が干してあるから。
2	ウ
3	二・四
4	エ
5	ⓐさらさらに ⓑ序詞
6	例無事でいるように
7	ⓐ花の香 ⓑ人の心
8	例夢とわかっていたならば、覚めないでいたでしょうに。
9	係りの助詞 こそ　結びの語 つれ
10	イ
11	三
12	①F ②C ③B ④J ⑤D ⑥A ⑦I ⑧E

2

1	①葉 ②種
2	ウ

解説

1

2 「あけぼの」は、夜が明け始める頃のこと。

3 五七・五七・七で切れて、「五七調」になっている。

4 「ゆ」には、「〜から」という意味と、「〜を通って」という二つの意味がある。

6 「幸(さ)くあれ」は、息子の無事を祈る父母の言葉である。

8 夢に出てきたのは恋しい人なのである。

10 「しばしとてこそ」は、「ほんのしばらく(休もう)と思って」の意。

12 ②Cはすだれが動いて、恋人が来たのかと思ったら、秋風だった、という歌。

最終チェック

「けり」に注意！

「けり」は過去の助動詞だが、詠嘆の意味もある。

例 花ぞ昔の香ににほひける〈連体形〉＝(梅の)花が昔のままに香っていることですよ。

1

1	ⓐかかく ⓑさそわれて ⓒどうそじん
2	Ⅰオ Ⅱウ
3	例あてのない旅に出たいという思い。
4	●例春が立つ。(立春)　●例霞が立ちこめる。
5	例旅に出る準備。
6	月日は百代
7	(1) 季語 雛　季節 春　(2) エ

2

1	イ
2	ウ
3	さても義臣
4	(1) 季語 卯の花　季節 夏　(2) 例兼房の白毛
5	イ

(●は順不同)

解説

1

4 掛詞(かけことば)は、一つの語に二つ以上の同音の語の意味を重ねる表現方法。

6 人生を旅と捉えている。

7 (2)「住み替はる代ぞ」がこの句の中心。ここでも月日が過ぎゆくことが強調されている。

2

2 藤原(ふじわら)三代の栄華や、源義経(みなもとのよしつね)とその家来の最期(さいご)をしのんでの涙である。

3 「義臣」が「兵(つわもの)ども」に、「功名一時の草むら」が「夢の跡」に対応する。

4 (2)卯(う)の花を見て、義経の家臣兼房(かねふさ)が白毛(しらが)を振り乱して戦う姿を連想している。

5 Cの俳句は、「全てを朽ち果てさせる五月雨(さみだれ)も、光堂(ひかりどう)だけは降り残したのだろうか」という意味。

最終チェック

対句表現に着目！

そぞろ神の物につきて心をくるはせ、道祖神(どうそじん)の招きにあひて、取るもの手につかず　など

p.46～p.47 誰かの代わりに／漢字3

1		
1	(1)	ウ
	(2)	困難を一人～られること
2		例「応える」という意味の「リスポンド」と、「能力」という意味の「アビリティ」を組み合わせた語。
3		訴えや呼び～協同の感覚
4		ウ
5		例他の人たちと関わり合い、弱さを補い合うこと

2	音	熟字訓
①	ろうほ	しにせ
②	はくはつ	しらが

解説

1 **1** 「『自立』の本当の意味」については、同じ段落で説明されている。

2 「『応える』という……から成る語」が、語の成り立ちについて説明している部分。

3 「責任」とは、課せられるものや押しつけられるものではなく、「協同の感覚」であるべきだと筆者は主張している。

4 直後の一続きの二文に注目。

5 筆者は、「支え合う」「訴えや呼びかけに応じ合う」「関わり合い、弱さを補い合う」ことの大切さを強調している。そのような「誰かの代わりに」という思いをもつことによって、「自分とは何か」という問いの答えが見つかるのだ。

最終チェック

「独立」と「自立」の違いを押さえる！

・独立（インディペンデンス）
→「否定(in)」＋「依存」＝誰かに依存している状態ではない
・自立（インターディペンデンス）
→「相互に(inter)」＋「依存」＝「支え合い」

p.48～p.49 文法への扉2

1	
文節	5
単語	9

2	
活用する自立語	●キ・ケ・コ
活用しない自立語	●ア・イ・エ・カ・ク
活用する付属語	オ
活用しない付属語	ウ

3	活用の種類	活用形
①	カ行変格活用	未然形
②	サ行変格活用	連用形
③	五段活用	連体形

4			
① エ	② ウ	③ カ	④ オ
⑤ イ	⑥ キ	⑦ ク	⑧ ア

5	
①	ウ
②	イ

（●は順不同）

解説

1 「日本・の／夏・の／平均気温・は／上がり続け・て／いる。」（／は文節、・は単語の区切り）「平均気温」「上がり続け（る）」は一つの単語。

3 ①「来る」はカ行変格活用、②「する」はサ行変格活用である。③終止形と連体形は同じ形になることが多い。

4 ①「安らぎ」は名詞だが、「安らぐ」は動詞、「安らかだ」は形容動詞なので注意。

5 ①問題文と**ウ**は伝聞、**ア**は形容動詞「かわいそうだ」の一部、**イ**は推定・様態の助動詞。②問題文と**イ**は行為の対象を表す格助詞、**ア**は形容動詞「静かだ」の活用語尾、**ウ**は副詞「仮に」の一部。

最終チェック

紛らわしい品詞の見分け方

・活用させる。例「静かだ」→○「静かな」…形容動詞
「犬だ」→×「犬な」…助動詞
・他の語と置き換える。
例「山に登る」→○「山へ登る」…格助詞
「さらに遠く」→×「さらへ遠く」…副詞「さらに」の一部

p.50～p.51 エルサルバドルの少女 ヘスース

1		例ヘスースの結婚式の日。
2		例自分を助けてくれた周りのみんながいい気持ちでいられるように、笑顔でいたかった。
3	(1)	イ
	(2)	キャンプで～送り出した
4	(1)	助け合って生きてきた
	(2)	人生の宝箱
	(3)	例誇りに思っている。
5		例ヘスースが、自分の人生をたった一つのかけがえのない大切なものとして生きてきたこと。

解説

2 直後にあるヘスースの言葉から読み取る。周りのみんなに助けられたこと、みんなにいい気持ちでいてほしかったことの二点をまとめる。

4 (2)(3)第四段落にあるヘスースの言葉から読み取る。人々が助け合って暮らすキャンプで育ったことに、ヘスースは誇りをもっている。そのことを「人生の宝箱」と言ったのである。

5 「そのあかし」の「その」が直前の一文を指している。

最終チェック

時代背景を理解しよう！

・エルサルバドルの内戦（一九八〇～一九九二）…貧富の格差是正を掲げる勢力と政府軍との内戦。終結までに犠牲者は約七万五千人に達した。

・避難民キャンプ…内戦で住む場所を失った人々が住んでいた場所。筆者は避難民キャンプの取材中、ヘスースと出会った。

p.52～p.53 紛争地の看護師

1		例戦地であり、危ないところだから。
2	(1)	動揺と不安
	(2)	例父にはつくづく申し訳ないと思うが、モスルには向かわなければならないという決意。
3	ⓐ	国境なき医師団
	ⓑ	医療
4		例戦争の被害によって命の危険にさらされ、苦しんでいる人たちがたくさんいる残酷な現実。
5		戦地で親を
6		ウ

解説

2 (2)父に対する「つくづく申し訳ない」という思いと、「それでも、私は向かわなければならない」という決意を押さえる。

4 直後から、戦地の現実が語られている。筆者は、目を覆ったり耳を塞いだりせず、この残酷な現実に直接向き合っているのだ。

5 「彼ら」とは、戦争で傷つき苦しんでいるたくさんの人を指す。「子供たち」「青年たち」「大の男たち」の悲しみと怒りが具体的に示されている。

6 筆者は、「国境なき医師団」を初めて知った七歳の頃から今に至るまで、「医療に国境はない」という思いをもち続けている。

最終チェック

「国境なき医師団」とは？

・独立・中立・公平な立場で医療活動を行う、民間の国際団体。

・さまざまな理由で医療を受けられない人々を支援している。

・筆者は二〇一〇年から参加し、シリア・イラク・南スーダンなどの紛争地を中心に活動してきた。

p.54～p.55 温かいスープ

◇

1	2	3	4	5	6
エ	ウ	例 引け目を感じることなく、筆者にスープを飲んでほしかったから。	相手の立場～という自覚	さりげない親切	ウ

解説

◇ **1** 筆者が月末になるとお金に苦労していることに気づいて、「娘さん」がパンをサービスしてくれたのである。筆者は、その厚意に「何か心の温まる思い」になっている。

3 後の「お客の注文を間違えたのではないことぐらい、私にはよくわかる」に着目する。「お母さん」は筆者に気を遣わせたくなくて、注文を取り違えたと言ったのだ。

4 直後の一文で「それは……」と、筆者が考える国際性の基本について述べている。

5 「あの人たちの無償の愛」の「あの人たち」とは、レストランの「お母さん」と「娘さん」を指している。対応する言葉は、「この人たちのさりげない親切」である。

6 直前の一文から、国際性についての筆者の考えを読み取る。

最終チェック

筆者が考える「国際性の基調」を捉える！

- 相手の立場を思いやる優しさ
- お互いが人類の仲間であるという自覚
- 求めるところのない隣人愛としての人類愛

←

その典型は、レストランの母子の親切（＝無償の愛）である。

p.56～p.57 わたしを束ねないで

◇

1	ⓐ	ア
	ⓑ	●イ・エ
2	Ⅰ	●あらせいとうの花・白い葱
	Ⅱ	（金色の）稲穂
3	(1)	ア
	(2)	羽撃き　つばさの音
4		●娘　●妻　●母
5		イ
6		例 束縛されたり型にはめられたりすることなく、自分らしく生きる存在。

（●は順不同）

解説

◇ **1** 「～のように」などを用いる比喩は直喩、用いないのは隠喩。「……稲穂」のように名詞で止めるのは体言止め。

2 各連の前半に作者の拒む生き方、後半に作者の望む生き方が書かれている。

4 娘として、妻として、母として生きる前に、まず人間として自分を解放し、自らのために生きたいと願っている。

5 「終わりのない」「はてしなく流れていく」は、未来へと続く可能性を表している。

6 各連の後半にある、作者の望む生き方から考える。

最終チェック

詩の構成を確認する！

第一連…束縛しないでほしい。⇕稲穂

第二連…力で抑え固定しないでほしい。⇕羽撃き

第三連…小さな環境に押し込めないでほしい。⇕海

第四連…女性という枠に縛りつけないでほしい。⇕風

第五連…限定しないでほしい。⇕終りのない文章

p.60〜p.61 高瀬舟

1 (1)	1 (2)	2 (1)	2 (2)	3	4	5	6	7
彼 喜助 / 我 庄兵衛	エ	例二百文の鳥目を貯蓄とみて喜ぶ気持ち。	例欲がなく、足ることを知っているところ。	ウ	イ	満足	例人間の欲望には限りがないこと。	仏

解説

2 (2)「足ることを知っていること(=知足)」とは、分相応のところで満足すること。仮に喜助の二百文に相当する貯蓄を得たとしても、自分は満足できないだろうと、庄兵衛は考えている。

3・5「懸隔」とは隔たりのこと。喜助は満足を覚え、庄兵衛は満足を覚えたことがない。現状に対する受け止め方に、大きな隔たりがあるのだ。

4「疑懼」とは、疑って不安に思うこと。「お役が御免になったらどうしよう、大病にでもなったらどうしよう」と不安に思っているのである。

6 普通の人間は現状に満足せず、限りなく欲望をもち続けるということを、具体例を並べて表している。

7「毫光」とは、仏の眉間にある白い毛から放たれるといわれる光。限りない人間の欲望とは無縁な喜助に、庄兵衛は崇高なものを感じている。

最終チェック

作者・森鷗外とはどんな人？

・本名…森林太郎

・十二歳で東京医学校（現在の東京大学医学部）予科に入学。

・陸軍軍医となりドイツ留学。

・帰国後に小説「舞姫」を発表。

p.62〜p.63 二つの悲しみ

1	2	3 (1)	3 (2)	4
●イ・オ	例少女がまだ幼いこと。	下唇を血が〜をしていた	例おじいさんから、泣いてはいけないと言われていたから。	ア

（●は順不同）

解説

1「痩せた真っ黒な顔、伸びたおかっぱ」から、生活が苦しいことがわかる。また、目を見開き筆者の唇を見つめる様子から、筆者の口から出る言葉をしっかり聞こうと集中していることがわかる。

2 少女は幼いために「状況」という言葉を知らず、おじいさんが言った言葉をそのまま口にしているのである。

3 (1)うなだれた少女の表情から、悲しみを心に押し込めようと、必死になっていることがわかる。

(2)母を亡くし、妹が二人いる少女は、しっかりしなくてはならない、泣いてはいけないと、「おじいちゃまに、言われた」のだ。

4 筆者は、少女の境遇に心を痛め涙を流していた。戦争は少女を、父の死を悲しむことすら許されない境遇に追いやった。筆者の心には、戦争に対する思いが渦巻いている。

最終チェック

主題を押さえる！

戦争が奪ったのは目に見えるものだけではない。戦争は残された人の人生にも暗い影を落とす。その声にならない悲しみを、私たちは考える必要がある。

p.64 アラスカとの出会い

1	2	3
例ジョージの写真が、「僕」の人生を変える大きなきっかけとなったこと。	ア	例私たちは日々の暮らしの中で、無数の人々と擦れ違いながら、出会うことがないということ。

解説

1 「私の写真が君の人生を変えてしまったんだね」「そういうわけではないんですが……。大きなきっかけとなりました」から読み取る。

2 一枚の写真をきっかけに筆者の人生は大きく動いていった。このような出会いの不思議さを「からくり」という言葉で表現している。

3 「その根源的な悲しみ」の「その」は、直前の一文を指している。私たちは多くの人々と擦れ違いながらも、そのほとんどと深く関わることはない。しかし、このことは「出会いのかぎりない不思議さ」に通じるものであると筆者は考えている。

最終チェック

人生を変えるきっかけとなった出会い

・一冊の写真集との出会い…「まるで僕がやって来るのを待っていたかのように、目の前にあったのである。」
↓その中の一枚の写真を手がかりに、アラスカへ向かった。
↓写真という仕事を選び、アラスカに定住しようとしている。

四字熟語

□悪戦苦闘（あくせんくとう）　苦しみながら努力すること。
□暗中模索（あんちゅうもさく）　手がかりのないまま、いろいろとやってみること。
□異口同音（いくどうおん）　皆が同じことを言うこと。
□以心伝心（いしんでんしん）　黙っていても気持ちが相手に通じること。
□一日千秋（いちじつせんしゅう）　非常に待ち遠しいこと。
□一石二鳥（いっせきにちょう）　一つの行為から二つの利益を得ること。
□一朝一夕（いっちょういっせき）　わずかな月日。
□意味深長（いみしんちょう）　言外に他の意味を含むこと。
□右往左往（うおうさおう）　うろたえ騒ぐこと。
□栄枯盛衰（えいこせいすい）　栄えたり衰えたりすること。
□我田引水（がでんいんすい）　自分に都合のよいようにすること。
□勧善懲悪（かんぜんちょうあく）　善をすすめ、悪をこらしめること。
□危機一髪（ききいっぱつ）　危ない瀬戸際。
□起承転結（きしょうてんけつ）　物事の順序・組み立て。
□喜怒哀楽（きどあいらく）　さまざまな人間感情の総称。
□金科玉条（きんかぎょくじょう）　ぜひとも守らなければならない、大切な法則。
□空前絶後（くうぜんぜつご）　過去・未来にわたって例のないこと。
□呉越同舟（ごえつどうしゅう）　敵と味方が一緒にいること。
□五里霧中（ごりむちゅう）　どうしてよいか見当のつかないさま。
□言語道断（ごんごどうだん）　もってのほかのこと。
□自画自賛（じがじさん）　自分で自分をほめること。
□四苦八苦（しくはっく）　非常な苦しみ。
□自業自得（じごうじとく）　自分のした行為の報いを自分の身に受けること。
□事実無根（じじつむこん）　事実に基づいていないこと。
□質実剛健（しつじつごうけん）　飾り気がなく、真面目でたくましいこと。
□四面楚歌（しめんそか）　助けがなく、周りが敵や反対者ばかりであること。
□弱肉強食（じゃくにくきょうしょく）　強者が弱者を征服して栄えること。
□縦横無尽（じゅうおうむじん）　思うままに振る舞うこと。
□取捨選択（しゅしゃせんたく）　よいものを取り、悪いものを捨てること。
□枝葉末節（しようまっせつ）　主要でない細かいことがら。
□支離滅裂（しりめつれつ）　ばらばらで筋道の立たないさま。
□心機一転（しんきいってん）　何かをきっかけとして気持ちが変わること。
□針小棒大（しんしょうぼうだい）　小さなことを大げさに言うこと。
□責任転嫁（せきにんてんか）　責任を他になすりつけること。
□絶体絶命（ぜったいぜつめい）　追いつめられて、どうにもならないこと。
□千差万別（せんさばんべつ）　それぞれに違っていること。
□前代未聞（ぜんだいみもん）　今まで聞いたことがないこと。
□千変万化（せんぺんばんか）　さまざまに変化すること。
□大器晩成（たいきばんせい）　大人物は遅れて大成すること。
□泰然自若（たいぜんじじゃく）　落ち着いて物事に動じないさま。
□大同小異（だいどうしょうい）　それほど大きな違いがないこと。
□単刀直入（たんとうちょくにゅう）　ずばりと重要な点を突くこと。
□朝令暮改（ちょうれいぼかい）　命令・法令がたえず変わること。
□適材適所（てきざいてきしょ）　能力に合う地位や仕事を与えること。
□徹頭徹尾（てっとうてつび）　初めから終わりまで変わらないさま。
□東奔西走（とうほんせいそう）　あちこち駆け回ること。
□日進月歩（にっしんげっぽ）　絶え間なくどんどん進歩すること。
□馬耳東風（ばじとうふう）　人の意見や批評などを聞き流すこと。
□半信半疑（はんしんはんぎ）　半ば信じ、半ば疑うこと。
□不言実行（ふげんじっこう）　あれこれ言わず黙って実行すること。
□付和雷同（ふわらいどう）　訳もなく他人の説に同意すること。
□傍若無人（ぼうじゃくぶじん）　人に構わず勝手に振る舞うこと。
□無我夢中（むがむちゅう）　あることに心を奪われて、我を忘れること。
□無味乾燥（むみかんそう）　内容に少しもおもしろみがないこと。
□優柔不断（ゆうじゅうふだん）　ぐずぐずして決断力に乏しいこと。
□有名無実（ゆうめいむじつ）　名ばかりで実質を伴わないこと。
□用意周到（よういしゅうとう）　準備が十分に行き届いていること。
□竜頭蛇尾（りゅうとうだび）　初めは盛んで終わりが振るわないこと。

6 5 4 3 2 1
D C B A

中間・期末の攻略本

テストに出る！

5分間攻略ブック

光村図書版

国語
3年

教科書の漢字をすべて出題

国語の重要ポイント総まとめ
<文法・古典など>

赤シートを
活用しよう！

テスト前に最後のチェック！
休み時間にも使えるよ♪

「５分間攻略ブック」は取りはずして使用できます。

★は新出漢字の教科書本文外の読み方です。

握手　教 p.14~p.25

- ☑① センタク場に服を運ぶ。　①洗濯
- ☑② 子供だましなシロモノ。　②代物
- ☑③ オダヤカに話をする。　③穏やか
- ☑④ 今朝、ケイシャで採れた卵。　④鶏舎
- ☑⑤ 猫が壁にツメをたてる。　⑤爪
- ☑⑥ 原野をカイコンする。　⑥開墾
- ☑⑦ カントクカンを務める。　⑦監督官
- ☑⑧ 大日本テイコクの歴史。　⑧帝国
- ☑⑨ 服も靴もドロだらけだ。　⑨泥
- ☑⑩ ゴウマンな態度をとる。　⑩傲慢
- ☑⑪ 行方不明者をサガス。　⑪捜す
- ☑⑫ 荷物をブンカツして送る。　⑫分割
- ☑⑬ ジョウダンを口にする。　⑬冗談
- ☑⑭ 生前にユイゴンを書く。　⑭遺言
- ☑⑮ 住所とセイメイを記入する。　⑮姓名
- ☑⑯ 祖父のイッシュウキを迎える。　⑯一周忌
- ☑⑰ 腹部のシュヨウを取り除く。　⑰腫瘍
- ☑⑱ ソウシキの案内が届く。　⑱葬式
- ☑⑲★ 事態をオンビンに収める。　⑲穏便
- ☑⑳★ ニワトリゴヤの掃除をする。　⑳鶏小屋
- ☑㉑★ ツマサキで立ち続ける。　㉑爪先
- ☑㉒★ 山中をソウサクする。　㉒捜索
- ☑㉓★ 主人公のスジョウが判明する。　㉓素姓〈素性〉
- ☑㉔★ やけどで手が赤くハレル。　㉔腫れる

情報整理のレッスン　情報の信頼性　教 p.32~p.33

- ☑① トクメイセイが確保される。　①匿名性

漢字1　熟語の読み方　教 p.38~p.39

- ☑① 整理セイトンが苦手だ。　①整頓
- ☑② 野生のチョウジュウの保護。　②鳥獣
- ☑③ 資料を無料でハンプする。　③頒布
- ☑④ ナガソデの制服になる。　④長袖
- ☑⑤ 城のソトボリに白鳥がいる。　⑤外堀
- ☑⑥ マクラモトに薬を置く。　⑥枕元
- ☑⑦ 湯を沸かすチャガマを用意する。　⑦茶釜
- ☑⑧ リョウワキの荷物を下ろす。　⑧両脇

- ⑨ 祖父母がベツムネに住む。　⑨別棟
- ⑩ ワクナイの説明をよく読む。　⑩枠内
- ⑪ 五月雨にあじさいが映える。　⑪さみだれ
- ⑫ 白髪が目立ち始める。　⑫しらが
- ⑬ 激しい吹雪で前が見えない。　⑬ふぶき
- ⑭ 船でキョウコクを渡る。　⑭峡谷
- ⑮ ヒガタでアサリをとる。　⑮干潟
- ⑯ アイイロの染料。　⑯藍色
- ⑰ タンモノから着物を作る。　⑰反物
- ⑱ 川のアサセを歩く。　⑱浅瀬
- ⑲ 江戸時代のニシキエ。　⑲錦絵
- ⑳ ジュンスイな心をもった人。　⑳純粋
- ㉑ 涙にぬれたヒトミ。　㉑瞳
- ㉒ 王へのエッケンが許される。　㉒謁見
- ㉓ 正月にマユダマを飾る。　㉓繭玉
- ㉔ 頑丈なジョウマエが付いた扉。　㉔錠前
- ㉕ 入院カンジャを診察する。　㉕患者
- ㉖ ゴイシを並べて遊ぶ。　㉖碁石
- ㉗ コウオツつけがたい人気。　㉗甲乙
- ㉘ 絵画の中でほほ笑む乙女。　㉘おとめ
- ㉙ 雪崩の多い季節。　㉙なだれ
- ㉚ ヤキンの技術を習得する。　㉚冶金
- ㉛ 鍛冶の腕前を競う。　㉛かじ
- ㉜ リュウサンを慎重に扱う。　㉜硫酸
- ㉝ 硫黄の匂いが立ちこめる谷。　㉝いおう
- ㉞★ 密林にケモノの鳴き声が響く。　㉞獣
- ㉟★ 内科のビョウトウに移る。　㉟病棟
- ㊱★ 「キンシュウの候」と書き出す。　㊱錦秋
- ㊲★ 旅館のイキな計らい。　㊲粋
- ㊳★ 眼科でドウ孔（こう）を検査する。　㊳瞳

漢字に親しもう1　教 p.40

- ① 働いてホウシュウを得る。　①報酬
- ② 反対意見がキャッカされる。　②却下
- ③ ハバツに属さない議員。　③派閥
- ④ バイショウキンを請求する。　④賠償金
- ⑤ カンカツガイの業務を断る。　⑤管轄外

★は新出漢字の教科書本文外の読み方です。

⑥ 果物の価格がコウトウする。	⑥高騰
⑦ シンザンユウコクに分け入る。	⑦深山幽谷
⑧ 受賞作をカンコツダッタイする。	⑧換骨奪胎
⑨ ジョウジョウシャクリョウの余地。	⑨情状酌量
⑩ 正気のサタとは思えない所業。	⑩沙汰
⑪ ロウデンの点検をする。	⑪漏電
⑫ 家の横のソッコウに落ちる。	⑫側溝
⑬ コウズイによる被害を防ぐ。	⑬洪水
⑭ 石で包丁をトグ。	⑭研ぐ
⑮ 母の機嫌をソコネル。	⑮損ねる
⑯ オノレの半生を記録する。	⑯己
⑰ 秘密がオオヤケにさらされる。	⑰公
⑱ 白々とアケソメル東の空。	⑱明け初める
⑲★ 天井から水がモレル。	⑲漏れる
⑳★ 友達とのミゾが深まる。	⑳溝

作られた「物語」を超えて　教 p.42~p.49

① キョウボウな野獣をてなづける。	①凶暴
② ジュウを携えた警官。	②銃
③ 大滝のユウソウな光景。	③勇壮
④ ヒサンな事件が起こる。	④悲惨
⑤ オウベイの食生活を紹介する。	⑤欧米
⑥ 犬をクサリでつなぐ。	⑥鎖
⑦ 個性をコチョウした似顔絵。	⑦誇張
⑧ フンソウの絶えない地域。	⑧紛争
⑨ 将来の自分に思いをメグラス。	⑨巡らす
⑩ イキカウ人もまばらな時間。	⑩行き交う
⑪★ 江戸時代のサコク政策。	⑪鎖国
⑫★ 我が校がホコル応援団。	⑫誇る
⑬★ 駅構内の人ごみにマギレル。	⑬紛れる
⑭★ 警備員が店内をジュンカイする。	⑭巡回

漢字に親しもう2　教 p.60

① 市内のボウショで会う。	①某所
② 注いだ飲み物がアワダツ。	②泡立つ
③ 保護者のシンボクを図る。	③親睦
④ 会社のドウリョウと話す。	④同僚
⑤ 床を拭いたゾウキンを洗う。	⑤雑巾

☑⑥ ごみのニオイが気になる。
☑⑦ スイソウで金魚を飼う。
☑⑧ コンダン会に参加する。
☑⑨ 意志をカンテツする。
☑⑩ ケンヤクを心掛ける。
☑⑪ ハクライの食品を売る店。
☑⑫ タンテイが主人公の小説。
☑⑬ ソウリョの法話を聞く。
☑⑭ 他人のモホウをする。
☑⑮ 彼の一言がホッタンとなる。
☑⑯ 能楽のソウケ。
☑⑰ 日本人の平均ジュミョウ。
☑⑱ 年の離れたジッケイがいる。
☑⑲ 大名の位をコクダカで表す。
☑⑳★ ハッポウする飲み物。
☑㉑★ ごみ捨て場から漂うシュウキ。
☑㉒★ 大勢に感謝されてテレクサイ。
☑㉓★ 衛生管理のテッテイした店。

⑥臭い
⑦水槽
⑧懇談
⑨貫徹
⑩倹約
⑪舶来
⑫探偵
⑬僧侶
⑭模倣
⑮発端
⑯宗家
⑰寿命
⑱実兄
⑲石高
⑳発泡
㉑臭気
㉒照れ臭い
㉓徹底

実用的な文章を読もう／報道文を比較して読もう　教 p.62~p.68

☑① 最寄りの郵便局で受け取る。
☑② ヒョウショウシキが行われる。
☑③ 係の仕事はタキにわたる。
☑④ 来月ジョウジュンに発売予定。
☑⑤ スイセンシャの言葉を載せる。
☑⑥ コウソク時間が長い。
☑⑦ タイグウメンの交渉をする。
☑⑧ ジュンキョウジュの講義を聴く。
☑⑨ 社会にコウケンする。
☑⑩ カイギテキな意見が多い。
☑⑪ 意見を両論ヘイキする。
☑⑫★ シュンの野菜を収穫する。
☑⑬★ 友達に映画をススメル。
☑⑭★ コンダテに沿って夕食を作る。
☑⑮★ 二つの機能をアワセモツ。

①もより
②表彰式
③多岐
④上旬
⑤推薦者
⑥拘束
⑦待遇面
⑧准教授
⑨貢献
⑩懐疑的
⑪併記
⑫旬
⑬薦める
⑭献立
⑮併せ持つ

俳句の可能性　教 p.70~p.73

☑① 走る前にヒザを伸ばす。

①膝

★は新出漢字の教科書本文外の読み方です。

②カロヤカにステップを踏む。	②軽やか

言葉1 和語・漢語・外来語　教 p.78~p.79

①時代劇のサムライ。	①侍
②ヨイの明星が見える。	②宵
③タキつぼに流れ落ちる水。	③滝
④裏山のクワバタケ。	④桑畑
⑤ソショウを起こす。	⑤訴訟
⑥不良サイケンを回収する。	⑥債権
⑦ネンポウ制の会社。	⑦年俸
⑧財政がハタンする。	⑧破綻
⑨事実をインペイする。	⑨隠蔽（蔽）
⑩作業のシンチョク状況。	⑩進捗（捗）
⑪魚のオロシウリ業者。	⑪卸売り
⑫★宮内庁のジジュウ長。	⑫侍従
⑬★思わず顔がホコロビル。	⑬綻びる
⑭★品物を小売りにオロス。	⑭卸す

「私の一冊」を探しにいこう　教 p.82~p.87

①ハガネのように強じんな肉体。	①鋼
②表情がクモル。	②曇る
③アラシが去る。	③嵐
④花の匂いをカグ。	④嗅（嗅）ぐ
⑤ケンバンを見ずにピアノを弾く。	⑤鍵盤
⑥水の流れがウズを巻く。	⑥渦
⑦★ドンテンの薄暗い空。	⑦曇天
⑧★キュウカクの鋭い犬。	⑧嗅（嗅）覚

故郷　教 p.98~p.113

①ひっそりカンとした町並み。	①閑
②コン碧(へき)の空を眺める。	②紺
③新たに人をヤトウ。	③雇う
④ツヤのある布地。	④艶
⑤子供をデキアイする。	⑤溺（溺）愛
⑥髪にリボンをユワエル。	⑥結わえる
⑦「チクショウ！」と叫ぶ。	⑦畜生
⑧高いヘイをよじ登る。	⑧塀
⑨壁にペンキをヌル。	⑨塗る
⑩ビンボウ体験が彼の原動力だ。	⑩貧乏

☐⑪ サイフだけ持って出かける。	⑪財布
☐⑫ 手伝いをしてダチンをもらう。	⑫駄賃
☐⑬ 大きな商店のダンナサマ。	⑬旦那様
☐⑭ 名残惜しい気持ちが募る。	⑭なごり
☐⑮ 犬が飼い主をシタウ。	⑮慕う
☐⑯ 大雪で交通がマ痺（ひ）する。	⑯麻
☐⑰ 神様をスウハイする。	⑰崇拝
☐⑱★ カイコされた人をやとい入れる。	⑱解雇
☐⑲★ 毎日酒にオボレル。	⑲溺（溺）れる
☐⑳★ 暗所で光るトリョウを使う。	⑳塗料
☐㉑★ 試合の出場経験がトボシイ。	㉑乏しい
☐㉒★ ガンタンの日の出を拝む。	㉒元旦
☐㉓★ 恩師をケイボする。	㉓敬慕
☐㉔★ アサイトから作られた布地。	㉔麻糸

言葉2　慣用句・ことわざ・故事成語　教 p.117~p.118

☐① サルも木から落ちる。	①猿
☐② ひょうたんからコマが出る。	②駒
☐③ コケツに入らずんばこじを得ず。	③虎穴
☐④ ゴエツドウシュウで乗り切る。	④呉越同舟
☐⑤★ エンジンの化石が発掘される。	⑤猿人
☐⑥★ トラの子の貯金があると安心だ。	⑥虎

漢字2　漢字の造語力　教 p.119~p.121

☐① 環境保護は人類にフヘンの課題だ。	①普遍
☐② 好条件でケイヤクする。	②契約
☐③ 一刻のユウヨもない。	③猶予
☐④ 産業ハイキブツの処分場。	④廃棄物
☐⑤ 国際問題を話題にノボセル。	⑤上せる
☐⑥ 人気のあるカブキ役者。	⑥歌舞伎
☐⑦ ベンチでキュウケイする。	⑦休憩
☐⑧ 気力をショウモウする。	⑧消耗
☐⑨ 隣国にレイゾクする。	⑨隷属
☐⑩ コクメイに記録をつける。	⑩克明
☐⑪ 誤解もハナハダシイ。	⑪甚だしい
☐⑫ 相手をブジョクする。	⑫侮辱
☐⑬ 無謀な計画にフンガイする。	⑬憤慨
☐⑭ この作品はボンヨウだ。	⑭凡庸

★は新出漢字の教科書本文外の読み方です。

□⑮ 業界からホウチクされる。
□⑯ 江戸時代のショミンの生活。
□⑰ フショウジの始末をつける。
□⑱ 大臣のヒメン要求が出される。
□⑲ 暴動がチンアツされる。
□⑳ ジョウミャクを流れる血液。
□㉑ 市の人口がゼンゾウする。
□㉒ 海底がリュウキする。
□㉓ ジョジョウ的な文章。
□㉔ 犯人がタイホされる。
□㉕ 良家のレイジョウ。
□㉖ 権力のチュウスウ。
□㉗ ワヨウセッチュウのデザイン。
□㉘ コウキシュクセイを求める。
□㉙ シツジツゴウケンな人柄。
□㉚ 役所でコセキトウホンを取る。
□㉛ キジョウの空論で終わらせない。
□㉜ 収益をムナザンヨウする。

⑮放逐
⑯庶民
⑰不祥事
⑱罷免
⑲鎮圧
⑳静脈
㉑漸増
㉒隆起
㉓叙情
㉔逮捕
㉕令嬢
㉖中枢
㉗和洋折衷
㉘綱紀粛正
㉙質実剛健
㉚戸籍謄本
㉛机上
㉜胸算用

□㉝ 制作中の映画がオクライリする。
□㉞ ヒツゼツに尽くしがたい努力。
□㉟ 社会のジモクを集める。
□㊱ ミゾウの事態を乗り越える。
□㊲ 連覇してメンボクを施す。
□㊳ アタイセンキンのシュート。
□㊴ 会場準備のスケ太刀（だち）をする。
□㊵★ 古い文化がスタレル。
□㊶★ イコイの場に子供が集う。
□㊷★ 悪天候でハナハダ残念だ。
□㊸★ ソウソフの白寿を祝う。

㉝お蔵入り
㉞筆舌
㉟耳目
㊱未曽有
㊲面目
㊳値千金
㊴助
㊵廃れる
㊶憩い
㊷甚だ
㊸曽祖父

漢字に親しもう3

教 p.122

□① ヘイソクカンが漂う。
□② 親子のカットウを描いた小説。
□③ シンラツな批評を読む。
□④ 朝から雨でユウウツだ。
□⑤ 親が子供をホメル。
□⑥ シイテキに解釈される。

①閉塞感
②葛（葛）藤
③辛辣
④憂鬱
⑤褒める
⑥恣意的

⑦ 踊ることにシュウチを感じる。
⑧ 繊細なイショウを施した工芸品。
⑨ 彼の才能はテンプのものだ。
⑩ 自分の両親をフヨウする。
⑪ 常にカモクな父。
⑫ 先生にテキギ相談する。
⑬ ガクセイリョウのある高校。
⑭ 劇団のシュサイ者の挨拶。
⑮ ジヨウをとって体を休める。
⑯ サイエンと評判の姉。
⑰ ジョウモン土器の特徴。
⑱★ テープで穴をフサグ。
⑲★ ヨウサイとして利用された島。
⑳★ 神社のフジダナは今が見頃だ。

⑦羞恥
⑧意匠
⑨天賦
⑩扶養
⑪寡黙
⑫適宜
⑬学生寮
⑭主宰
⑮滋養
⑯才媛
⑰縄文
⑱塞ぐ
⑲要塞
⑳藤棚

人工知能との未来　教 p.124~p.125

① ショウギの教室に通う。

①将棋

漢字に親しもう4　教 p.134

① 日焼けしたカッショクの肌。
② コハンの宿に泊まる。
③ ろうそくのホノオが揺らめく。
④ セキツイ動物の標本。
⑤ アネッタイの気候。
⑥ コウバイの急な坂道。
⑦ 航空機がセンカイする。
⑧ サンロクにある集落。
⑨ クハイをなめた経験から学ぶ。
⑩ 賛美歌をエイショウする。
⑪ キョウシュウを誘う方言。
⑫ アイトウの言葉を述べる。
⑬ タイダな生活を反省する。
⑭ 暗闇にセンリツを覚える。
⑮ 弟のコモリを頼まれる。
⑯ 俳優のコワイロをまねて話す。
⑰ 夏でも涼しいイワムロの内部。
⑱ ジビカの診療時間。
⑲ メイロのように複雑な道。

①褐色
②湖畔
③炎
④脊椎
⑤亜熱帯
⑥勾配
⑦旋回
⑧山麓
⑨苦杯
⑩詠唱
⑪郷愁
⑫哀悼
⑬怠惰
⑭戦慄
⑮子守り
⑯声色
⑰岩室
⑱耳鼻科
⑲迷路

★は新出漢字の教科書本文外の読み方です。

- ⑳★エンジョウ寸前で鎮火する。
- ㉑★山のフモトにある村。
- ㉒★銀のサカズキを贈呈される。
- ㉓★ダセイで行動しない。

⑳炎上　㉑麓　㉒杯　㉓惰性

初恋　教p.140~p.141

- ①ハツコイの人と偶然会う。
- ②★シツレンから立ち直る。
- ③★遠方に暮らす祖母をコウ。
- ④★温かい料理がコイシイ季節。

①初恋　②失恋　③恋う　④恋しい

和歌の世界　教p.143~p.145

- ①時雨の中を歩く。

①しぐれ

君待つと――万葉・古今・新古今　教p.148~p.153

- ①「コキン和歌集」について学ぶ。
- ②冬服にコロモ替えをする。
- ③留学はトウトイ体験となった。
- ④全ての命をタットブ。
- ⑤下駄の鼻オが切れる。
- ⑥★ジョウチョ豊かな作品。

①古今　②衣　③貴い〈尊い〉　④貴ぶ〈尊ぶ〉　⑤緒　⑥情緒

夏草――「おくのほそ道」から　教p.154~p.162

- ①叔父のベッソウで過ごす。
- ②人生のカドデを祝う。

①別荘　②門出

誰かの代わりに　教p.165~p.171

- ①小春日和の穏やかな日。
- ②アヤウイ立場に置かれる。

①びより　②危うい

漢字3　漢字のまとめ　教p.174~p.175

- ①講演のコウガイを書く。
- ②コンクリートのハシゲタ。
- ③サンバシから船に乗る。
- ④ドンヨクに知識を蓄える。
- ⑤シュウワイの罪で逮捕する。
- ⑥エツラクの表情を浮かべる。
- ⑦積年のオンネンをはらす。
- ⑧選手のイロウ会を開く。
- ⑨サギ被害を防ぐためのポスター。
- ⑩知人のフホウを耳にする。
- ⑪センサク好きな友人。

①梗概　②橋桁　③桟橋　④貪欲　⑤収賄　⑥悦楽　⑦怨念　⑧慰労　⑨詐欺　⑩訃報　⑪詮索

☐⑫ 寝る時間をギセイにする。	⑫犠牲
☐⑬ クレナイに染まる朝焼け。	⑬紅
☐⑭ チマナコになって鍵をさがす。	⑭血眼
☐⑮ ウジガミサマにお参りする。	⑮氏神様
☐⑯ 裁判官をダンガイする。	⑯弾劾
☐⑰ タンコウを閉鎖する。	⑰炭坑〈炭鉱〉
☐⑱ ゾウゲで作られた印章。	⑱象牙
☐⑲ 物質のユウテンを調べる。	⑲融点
☐⑳ シットの感情を抑える。	⑳嫉妬
☐㉑ シキシダイに沿って進行する。	㉑式次第
☐㉒ イッチョウイッセキで語れない。	㉒一朝一夕
☐㉓ ボウジャクブジンな態度。	㉓傍若無人
☐㉔ 本から多くの知識をウル。	㉔得る
☐㉕ オイタチを書いた随筆。	㉕生い立ち
☐㉖ 人々は神をオソレル。	㉖畏れる
☐㉗ 多くの労力をツイヤス。	㉗費やす
☐㉘ 祝辞をタマワル。	㉘賜る
☐㉙ 産卵のため魚が川をサカノボル。	㉙遡る

☐㉚ 祖母からナガウタを習う。	㉚長唄
☐㉛ 国のキュウジョウを救う。	㉛窮状
☐㉜ 政府の失策をキュウダンする。	㉜糾弾
☐㉝ 子供がガングで遊ぶ。	㉝玩具
☐㉞ 川のナカスにある桜の木。	㉞中州
☐㉟ 安全のためのソチを講じる。	㉟措置
☐㊱ コガネイロに輝くいちょうの葉。	㊱黄金色
☐㊲ カンヌシが境内を掃除する。	㊲神主
☐㊳ 竹刀の手入れをする。	㊳しない
☐㊴ 老舗の和菓子屋。	㊴しにせ
☐㊵ 道路の凸凹を補修する。	㊵でこぼこ
☐㊶ 庭に砂利を敷く。	㊶じゃり
☐㊷ ハイハンチケンについて学ぶ。	㊷廃藩置県
☐㊸ ゲカシュジュツが成功する。	㊸外科手術
☐㊹ キンキチホウの天気予報。	㊹近畿地方
☐㊺ 海外でムシャシュギョウする。	㊺武者修行
☐㊻ 江戸のカタキを長崎で討つ。	㊻敵
☐㊼ 悪をウツヒーローのアニメ。	㊼討つ

★は新出漢字の教科書本文外の読み方です。

㊽	口はワザワイの元。	災い
㊾	ゴウに入ってはゴウに従え。	郷・郷
㊿	頭隠してシリ隠さず。	尻
51	腹が減ってはイクサができぬ。	戦
52	安物買いのぜに失い。	銭
53★	ムサボルように本を読む。	貪る
54★	小遣いの範囲でマカナウ。	賄う
55★	落ち込む友達をナグサメル。	慰める
56★	動物のキバの化石。	牙
57★	神にイフの念を抱く。	畏怖

漢字に親しもう5　教 p.176

①	ザンテイ的に家具を配置する。	暫定
②	世界セイフクを企てる。	征服
③	タンレンを欠かさない。	鍛錬〈鍛練〉
④	本堂でザゼンを組む。	座禅
⑤	頭にカバシラがまとわりつく。	蚊柱
⑥	夕焼けで空がシュイロに染まる。	朱色
⑦	シブガキを軒先につるす。	渋柿

⑧	江戸時代のカワラバン。	瓦版
⑨	セキヒに文字を刻む。	石碑
⑩	タテツボ八〇平方メートルの家。	建坪
⑪	好きなホウガクの曲を聴く。	邦楽
⑫	人のソゾウを作成する。	塑像
⑬	信頼がシッツイする。	失墜
⑭	ダラクした生活を省みる。	堕落
⑮	庭にカキネを巡らす。	垣根
⑯	彼のボウオンの行為に憤慨する。	忘恩
⑰	タイヨされた制服を着る。	貸与
⑱	手入れの行き届いたハナゾノ。	花園
⑲	町のコンジャクを物語る写真。	今昔
⑳	知識のシンセンに差がある。	深浅

エルサルバドルの少女 ヘスース　教 p.178~p.187

①	収入の格差ゼセイを目指す。	是正
②	セイサンな出来事を記録する。	凄惨
③	イッチョウラを着て式に臨む。	一張羅
④	年内で仕事をヤメル。	辞める

⑤ 運命にホンロウされる。	⑤ 翻弄
⑥★片手でビー玉をモテアソブ。	⑥ 弄ぶ

紛争地の看護師　教 p.188~p.190

① ザンコクな結末の物語。	① 残酷

読書案内　本の世界を広げよう　教 p.191~p.193

① 猫の行方がわからない。	① ゆくえ

わたしを束ねないで　教 p.200~p.203

① 田んぼのイナホが揺れる。	① 稲穂
② コンチュウを採集する。	② 昆虫

古典芸能の世界――歌舞伎(かぶき)・浄瑠璃(じょうるり)　教 p.270~p.271

① 三味線を弾きながら歌う。	① しゃみせん

語彙を豊かに　教 p.284~p.285

① 観衆が固唾をのんで見守る。	① かたず

常用漢字表について　教 p.286~p.287

① 一トで塗料を購入する。	① 斗
② 一ショウの米を炊く。	② 升
③ 食パンを一キン買う。	③ 斤
④ 九分九リン大丈夫だ。	④ 厘

⑤ 祝儀(しゅうぎ)袋に「イチ万円」と書く。	⑤ 壱
⑥ 金ニ千円也(なり)。	⑥ 弐
⑦「チン」は天皇の自称。	⑦ 朕
⑧ コウタイシヒの首飾り。	⑧ 皇太子妃
⑨ オウコウ貴族の生活。	⑨ 王侯
⑩ ハクシャクの位を授かる。	⑩ 伯爵
⑪ 皇帝のギョクジ。	⑪ 玉璽
⑫ 国王のタイカン式。	⑫ 戴冠
⑬ 天皇の終戦のショウチョク。	⑬ 詔勅
⑭ 繊細カツ大胆な作戦。	⑭ 且つ
⑮ タダシ、先着二十名に限る。	⑮ 但し
⑯ ホウソウ界では有名な弁護士。	⑯ 法曹
⑰ 保険のヤッカンを読む。	⑰ 約款
⑱ オンシャが行われる。	⑱ 恩赦
⑲ 環境保護団体にキフをする。	⑲ 寄附〈寄付〉
⑳ 織田(おだ)家のチャクリュウ。	⑳ 嫡流
㉑ 旧家のシシとして育つ。	㉑ 嗣子
㉒ コセキショウホンを取る。	㉒ 戸籍抄本

新出漢字

★は新出漢字の教科書本文外の読み方です。

- ㉓ セットウの疑いがかかる。
- ㉔ ユウカイの罪に問う。
- ㉕ 名誉キソンで訴える。
- ㉖ キンコ刑の判決が出る。
- ㉗ 軍隊のショウイになる。
- ㉘ ゲンスイは軍人の最高位だ。
- ㉙ 耳鼻インコウ科の医師。
- ㉚ あせはカンセンから分泌される。
- ㉛ シュトウの注射。
- ㉜ セキリの研究が進む。
- ㉝ 第一子をニンシンする。
- ㉞ ゴウモンの道具が展示される。
- ㉟ 軍隊がチュウトンする。
- ㊱ 敵のリョシュウになる。
- ㊲ モウテンをついた指摘。
- ㊳ 政敵をハイセキする。
- ㊴ 歯列をキョウセイする。
- ㊵ ショウサンを実験に使う。

㉓窃盗　㉔誘拐　㉕毀損　㉖禁錮〈禁固〉　㉗少尉　㉘元帥　㉙咽喉　㉚汗腺　㉛種痘　㉜赤痢　㉝妊娠　㉞拷問　㉟駐屯　㊱虜囚　㊲盲点　㊳排斥　㊴矯正　㊵硝酸

- ㊶ バンユウを振るう。
- ㊷ テイシュクな貴婦人。
- ㊸ 思い通りにならずグチをこぼす。
- ㊹ かつてのテイシン省の役割。
- ㊺ イッセキの船が停泊する。
- ㊻ ロウオウの能面をつける。
- ㊼ シュクフとは父母の弟。
- ㊽ 森に住むロウバと少女の物語。
- ㊾ ドレイ解放運動が起こる。
- ㊿ ビコウを膨らませた表情。
- (51) ショクリョウ危機に備える。
- (52) 雷雨のオソレがある予報。
- (53) 古代の貝ヅカが発見される。
- (54) 寺のアマが念仏を唱える。
- (55) 甲・乙・ヘイで採点する。
- (56) ジャインを禁じる教え。
- (57) ダイカンミンコクへ行く。
- (58) ショウケイの念を抱く。

㊶蛮勇　㊷貞淑　㊸愚痴　㊹逓信　㊺一隻　㊻老翁　㊼叔父　㊽老婆　㊾奴隷　㊿鼻孔　(51)食糧　(52)虞〈恐れ〉　(53)塚　(54)尼　(55)丙　(56)邪淫（淫）　(57)大韓民国　(58)憧憬

⧄59 船のウゲンに接近する。
⧄60 夜中に突然カクセイする。
⧄61 シッソウした容疑者が見つかる。
⧄62 酒屋でショウチュウを買う。
⧄63 ヨウカイの挿絵が不気味な本。
⧄64 ラチ事件の解決を期待する。
⧄65 ワイロを贈った罪で逮捕される。
⧄66 畑のウネの草取りをする。
⧄67 新しい研究に人生をカケル。
⧄68 弥生時代の土器。
⧄69 美しいルリ色の鳥。
⧄70 終了間際の一セツナ，逆転した。
⧄71 海上にカンテイが並ぶ。
⧄72 ジュキョウの教えを学ぶ。
⧄73 服役中のシュウジンに面会する。
⧄74 警察官のジュンショクを防ぐ。
⧄75 恩師のセイキョを知らされる。
⧄76 あきらめるなんて意気地がない。

59右舷
60覚醒
61失踪
62焼酎
63妖怪
64拉致
65賄賂
66畝
67賭（賭）ける
68やよい
69瑠璃
70刹那
71艦艇
72儒教
73囚人
74殉職
75逝去
76いくじ

⧄77 大海原を航海する。
⧄78 赤ん坊を抱いた乳母。
⧄79 浮つく気持ちを抑える。
⧄80 父母の妹を「叔母」と書く。
⧄81 父母の姉を「伯母」と書く。
⧄82 駅前の交番のお巡りさん。
⧄83 為替相場の変動を見守る。
⧄84 田に苗を植える早乙女。
⧄85 五月晴れの空が広がる。
⧄86 田に早苗を植える。
⧄87 芝生の上に寝転がる。
⧄88 着物に合う草履を作る。
⧄89 建て替え予定の寮から立ち退く。
⧄90 波止場から海を眺める。
⧄91 若人が語らう校舎の中庭。
⧄92★ ノートにマスメを書く。
⧄93★ 訓練されたモウドウケン。
⧄94★ アヤシイまでに美しい刀。

77うなばら
78うば
79うわつく
80おば
81おば
82おまわりさん
83かわせ
84さおとめ
85さつき
86さなえ
87しばふ
88ぞうり
89たちのく
90はとば
91わこうど
92升目
93盲導犬
94妖しい

学びて時に之を習ふ――「論語」から

教 p.28〜p.31

❁作品知識　作品について確認しよう。

☑①「論語」…中国古代の思想家・孔子と、その弟子たちの言行の記録。日本にも大きな影響を与えた。

❁返り点　漢文を読む順番を確認しよう。

●レ点…下の一字から、すぐ上の一字に返って読む。

☑② 2レ 1

☑③ 3レ 2レ 1

●一・二点…二字以上を隔てて、上に返って読む。

☑④ 3二 1 2一

☑⑤ 1 4二 2 3一 5

❁語句の意味　意味を確認しよう。

☑⑥ 子曰はく　…先生がおっしゃるには

☑⑦ 亦～ずや　…なんと～ではないか

☑⑧ 慍みず　…不平や不満を抱かない

☑⑨ ～に如かず…～に及ばない。かなわない

❁ポイント文　書き下し文と返り点を確認しよう。

☑⑩ 有下朋自二遠方一来上、不二亦楽一乎。

書き下し文　朋遠方より来たる有り、亦楽しからずや。

俳句の可能性／俳句を味わう

教 p.70〜p.75

❁俳句の知識　基本を確認しよう。

☑① 季語　…季節を表す言葉。原則として入れる。

☑② 定型　…五・七・五の音律。

＊定型で、季語のある俳句を有季定型という。

☑③ 無季俳句　…季語のない俳句。

☑④ 自由律俳句　…自由な音律の俳句。

☑⑤ 歳時記　…季語を分類・解説した書物。

☑⑥ 切れ字　…句の切れ目に用いる言葉。「や」「かな」「けり」など。

❁俳句の季語・大意　季語と季節を確認しよう。

☑⑦ 流れ行く……（高浜虚子）の句↓

季語…大根　季節…冬

大意　小川を流れていく大根の葉の、なんとはやいことよ。

❁切れ字　切れ字を確認しよう。

☑⑧ 金剛の露ひとつぶや石の上　川端茅舎

☑⑨ いくたびも雪の深さを尋ねけり　正岡子規

季語は旧暦に従っているので，現代の季節感とずれることもある。

和歌の世界／古今和歌集　仮名序　君待つと――万葉・古今・新古今

教 p.144〜p.153

古語の意味　意味を確認しよう。

- ☐ ① やまとうた…和歌
- ☐ ② よろづの…種々さまざまの・あらゆる
- ☐ ③ 繁き…回数や数量が多いこと
- ☐ ④ 生きとし生けるもの…生きている全てのもの
- ☐ ⑤ あはれ…しみじみとした感動

作品知識　作品について確認しよう。

万葉集
- ☐ ⑥ 成立…奈良時代末頃
- ☐ ⑦ 特徴…現存する日本最古の歌集。広い階層の人々の歌を収める。素朴で力強い歌が多い。

古今和歌集
- ☐ ⑧ 成立…平安時代初期
- ☐ ⑨ 特徴…最初の勅撰和歌集。技巧的で繊細優美な歌が多い。

新古今和歌集
- ☐ ⑩ 成立…鎌倉時代初期
- ☐ ⑪ 特徴…八番目の勅撰和歌集。繊細な感情を象徴的に表現した歌が多い。

和歌の形式　和歌の形式を確認しよう。

- ☐ ⑫ 短歌…一般的な和歌で、五・七・五・七・七の三十一音。
- ☐ ⑬ 長歌…五音・七音を繰り返し、最後を多くは七・七音で結ぶ。主に「万葉集」に見られる。
- ☐ ⑭ 反歌…長歌の後に添えられる短歌で、意味を要約・補足する。主に「万葉集」に見られる。

和歌の表現方法　和歌の表現方法を確認しよう。

- ☐ ⑮ 枕詞…後に続く特定の語句を修飾する言葉。
- ☐ ⑯ 序詞…ある語句を導く言葉だが、後に続く語句は定まっていない。
- ☐ ⑰ 掛詞…一語に二つ以上の同音語の意味を重ねる技法。
  例「まつ」→「待つ―松」／「ふみ」→「踏み―文」

和歌の大意　大意を確認しよう。

- ☐ ⑱ 憶良らは今は罷らむ子泣くらむそれその母も我を待つらむそ　山上憶良
  大意　憶良はもう退出いたしましょう。子供が泣いているでしょう。それに母親(＝妻)も私を待っているでしょう。
- ☐ ⑲ 新しき年の初めの初春の今日降る雪のいやしけ吉事　大伴家持
  大意　新年の初めの、正月である今日降る雪のように、もっと積もれ、よいことよ。

あとひと押し!　和歌の枕詞には「あしひきの（→山）」，「ひさかたの（→光など）」，「千早ぶる（→神など）」などがある。

夏草――「おくのほそ道」から

教 p.154～p.162

❁歴史的仮名遣い　現代仮名遣いを確認しよう。

☑ ① 過客…かかく
☑ ② とらへて…とらえて
☑ ③ いづれ…いずれ
☑ ④ 越えむ…こえん
☑ ⑤ 栄耀…えよう

❁ポイント文　現代語訳を確認しよう。

☑ ⑥ 月日は百代の過客にして、行きかふ年もまた旅人なり。
訳 月日は永遠に旅を続ける旅人のようなものであり、過ぎ去っては新しくやって来る年もまた旅人に似ている。

☑ ⑦ 功名一時の草むらとなる。
訳 功名を立てたが、それも一時のことで、その跡はただの草むらとなってしまった。

❁作品知識　「おくのほそ道」について確認しよう。

☑ ⑧ 作者…松尾芭蕉。江戸時代前期の俳人。
☑ ⑨ 分類…紀行文
☑ ⑩ 特徴…漢文調の文体で、対句表現が多用されている。

❁俳句の季語・大意　季語と季節、大意を確認しよう。

☑ ⑪ 草の戸も住み替はる代ぞ雛の家…春
大意 私の住んでいたわびしい草庵にも新しい住人が越してきて、今は雛人形を飾るにぎやかな家となった。

☑ ⑫ 五月雨をあつめて早し最上川…夏
大意 梅雨を集めて水かさを増した最上川が、急流となって下っていく。

☑ ⑬ 閑かさや岩にしみ入る蟬の声…夏
大意 静けさの中、蟬の鳴き声が岩にしみ込んでいくように感じられる。

☑ ⑭ 荒海や佐渡によこたふ天河…秋
大意 荒海の向こう、佐渡島の上に、天の川が大きく横たわっている。

☑ ⑮ むざむやな甲の下のきりぎりす…秋
大意 いたわしいことだ。かつてうたれたという武士の兜があった辺りに、きりぎりすが鳴くばかりである。

☑ ⑯ 蛤のふたみにわかれ行く秋ぞ…秋
大意 はまぐりが蓋と身に分かれるように、私たちもここで別れ、私は二見浦へ行く。寂しい秋の中で。

あとひと押し！ 「おくのほそ道」には対句が多用されている。例「月日は百代の過客にして」「行きかふ年もまた旅人なり」

文法への扉1　すいかは幾つ必要?　教 p.61／p.212～p.214

❋文節・連文節の対応　読みやすくなるように書き直そう。

☐ ① 急に雨が降ってきて、服が濡（ぬ）らしてしまった。

→急に雨が降ってきて、服が濡れてしまった。

→急に雨が降ってきて、服を濡らしてしまった。

☐ ② 僕の夢はサッカー選手になりたい。

→僕の夢はサッカー選手になることだ。

☐ ③ 友人の話は本当に楽しい話だった。

→友人の話は本当に楽しかった。

→友人は本当に楽しい話をした。

❋意味のまとまり　指示に従って書き直そう。

［父は母と姉を駅まで迎えに行った。］

☐ ④ 読点を入れて、「迎えに行ったのは父だけである」ことをはっきりさせる。

→父は、母と姉を駅まで迎えに行った。

☐ ⑤ 文節の順序を入れ替えて、「迎えに行ったのは父と母の二人である」ことをはっきりさせる。

→母と父は姉を駅まで迎えに行った。

→父は母と駅まで姉を迎えに行った。

［僕は慌てて走る弟に声をかけた。］

☐ ⑥ 読点を入れて、「慌てているのは僕である」ことをはっきりさせる。

→僕は慌てて、走る弟に声をかけた。

☐ ⑦ 文節の順序を入れ替えて「慌てているのは弟である」ことをはっきりさせる。

→慌てて走る弟に僕は声をかけた。

❋呼応の副詞　□に当てはまる言葉を入れよう。

☐ ⑧ たとえ困難があっ□、必ずやり遂げてみせる。

→例 ても

☐ ⑨ もし彼と会う□、これを渡してほしい。

→例 なら（ならば）

☐ ⑩ 決して同じ間違いは繰り返さ□。

→例 ない（ぬ）

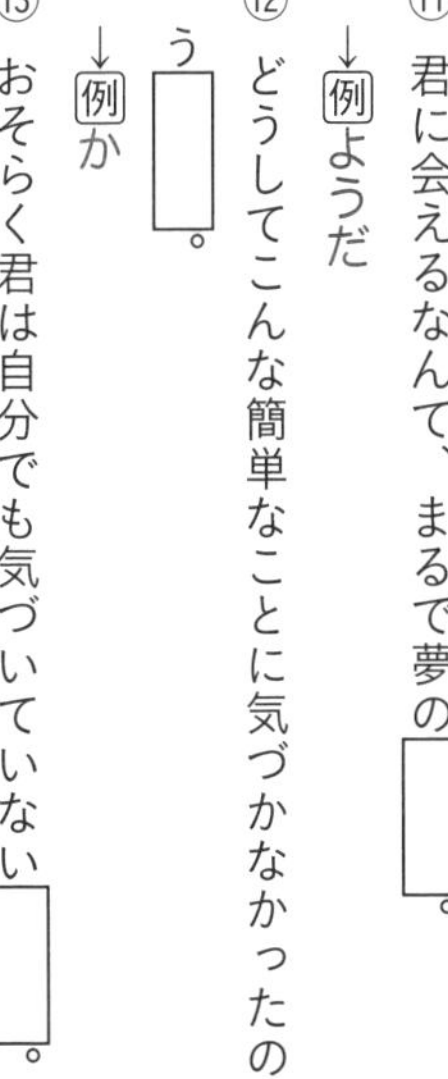

☐ ⑪ 君に会えるなんて、まるで夢の□。

→例 ようだ

☐ ⑫ どうしてこんな簡単なことに気づかなかったのだろう□。

→例 か

☐ ⑬ おそらく君は自分でも気づいていない□。

→例 だろう

意味のまとまりがわかりにくい文を書き直すには、①読点を打つ，②文を分ける，③文節の順序を入れ替える，などの方法がある。

文法への扉2　「ない」の違いがわからない？

教 p.177／p.215～p.218

❁言葉の単位　次の文を①文節ごと、②単語ごとに分けよう。

小学生の頃は野球選手になりたかった。

☑ ① 小学生の／頃は／野球選手に／なりたかった。

☑ ② 小学生／の／頃／は／野球選手／に／なり／たかっ／た。

❁自立語　次の語の品詞名を答えよう。

☑ ③ かわいい　（形容詞）

☑ ④ 納得する　（動詞）

☑ ⑤ あらゆる　（連体詞）

☑ ⑥ 源氏物語　（名詞（固有名詞））

☑ ⑦ つまり　（接続詞）

☑ ⑧ 決して　（副詞）

☑ ⑨ 不愉快だ　（形容動詞）

☑ ⑩ こんにちは　（感動詞）

❁自立語の見分け方　傍線部の品詞を答えよう。

☑ ⑪ おなかがすくのは健康な証拠だ。　（形容動詞）

☑ ⑫ おなかがすくのは健康の証拠だ。　（名詞）

☑ ⑬ 小さな幸せを守りたい。　（連体詞）

☑ ⑭ 小さい頃を思い出す。　（形容詞）

❁用言の活用　傍線部の活用の種類と活用形を答えよう。

☑ ⑮ 友達の家で勉強します。　（サ行変格活用・連用形）

☑ ⑯ 先生の言うことを聞け。　（五段活用・命令形）

☑ ⑰ 常識で考えればわかる。　（下一段活用・仮定形）

☑ ⑱ 暑いから上着は着ない。　（上一段活用・未然形）

☑ ⑲ いとこの来る日が楽しみだ。　（カ行変格活用・連体形）

☑ ⑳ 心の中でそっとつぶやく。　（五段活用・終止形）

❁付属語　次の文の助詞に傍線、助動詞に二重線を引こう。

☑ ㉑ 明日は雨になるらしい。

☑ ㉒ 道が混んでいるから、十分ほど遅れます。

❁付属語の見分け方　傍線部と同じ働き・意味のものを選ぼう。

☑ ㉓ 君の言っていることがよくわからない。

ア　おさない弟の面倒を見る。
イ　しまっておいたはずの本がない。
ウ　雨がいっこうに降りやまない。　（ウ）

☑ ㉔ いつかヨーロッパに行くのが私の夢だ。

ア　不思議に穏やかな気持ちだ。
イ　父の住む町に向かう。
ウ　まさに僕の言いたかったことだ。　（イ）

あとひと押し！　自立語は単独で文節を作ることができる語，付属語は単独で文節を作れない語で，必ず自立語と共に文節を作る。